流亡日日

一段成為西藏人的旅程

鄧湘漪

著

印度與鄰國關係圖

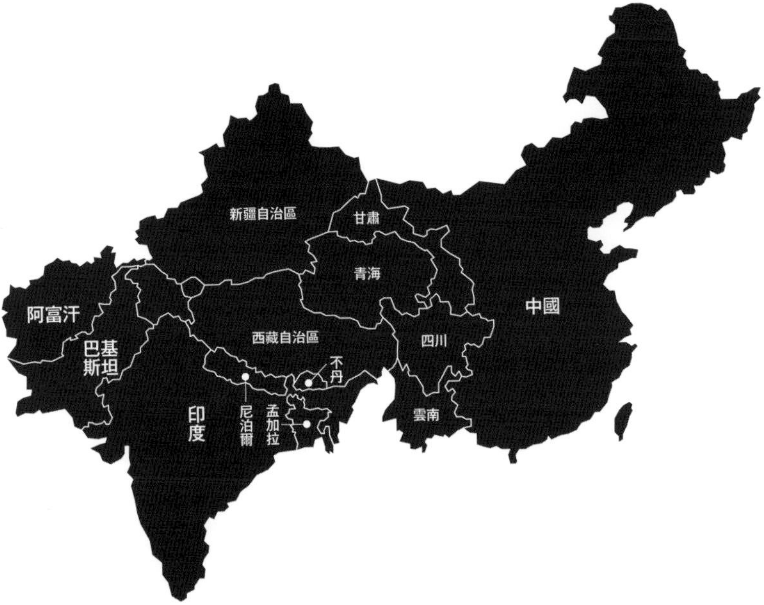

印度田野地簡圖

WESTERN UNION
WU
moving money for bette
CHANGE MONEY
VISA
GET CASH ADVANCE ON ALL CREDIT/DEBIT CARDS
CLINIC
DENTAL CLINIC
HPTDC

清晨德蘭薩拉街角，晨光斜灑在白色磚屋的門簾上，
每一道藏式門簾與窗櫺背後，
都是一個又一個滄桑的生命。

那街角暗黑的人群，在混雜的臉孔與氣味之中，
各自展現內心竄逃而出的光明。

山城人們肩上背負著沈重、複雜的遷移過往、族群情感與民族使命，
卻端出極為簡單的飲食撫慰著彼此。

一杯茶、
一盤馬鈴薯、
幾顆小包子讓我們在咀嚼之中看著對方微笑，
不發一語。

忙碌的人們啊，
我們總在色彩繽紛的轉角撞見彼此，
拉著手跳躍、輕聲笑鬧的同時，
不斷地側身閃過飛濺而出的污水、嗅聞果屑的牛隻、喇叭聲轟轟的汽車，
以及油脂味道濃厚的紛雜人群。

這迷亂的顏色、混雜的氣息總以非預期的方式活了下來，
在這不可預測之上，
創造令人驚異的生命前行力量。

Mc'Llo
FRESH BEAN COFFEE
ITALIAN PIZZA
GELATO ICE CREAM
NO ENTRY
HIMACHAL TOURISM
DHARAMSHALA TO DAL LAKE
MAIN SQUARE
YOU ARE HERE

我們一定在為達賴喇嘛祝壽的慶典中擦肩而過，
造就了不認識彼此，
卻曾經交會的萬分之一秒。

如果不是節慶，也一定是法會，不然就是轉經繞塔之時，
我們肯定在教義時序中，做了一秒鐘的朋友。

陽光燦爛的假日裡，
人們相約遊歷瀑布，
為過去幾個星期來的惶惶終日添上笑聲。

順道利用那清澈不間斷的溪水，洗滌陰暗房間內衣物上的灰塵，
也為溪流邊上的石頭化點淡妝。

達賴喇嘛曾在回憶自己從小進入僧院讀書、受教理訓練、且被老師們嚴格監督日常行為的童年時說：

「我好想出去玩！」

神聖與世俗之間總有過招之處，
每一回合對陣就是一次教義修行上的思維時刻。

流離的人們在山城靜默夜裡，
細細地回憶起過往歲月：

「人生一路至此，究竟哪一步走錯了？」

「生命感是無法直接指認的，然而就像鏡子可以反射影像，事物給出或映照個人的生命感。
羅門尼遜以照鏡子來說明這點：
想像一個人站在鏡子前看著自己的影像，他所看到的將會是一個故事中的人物。
也許是鬥士、苦行僧、懷才不遇者，也許滿頭白髮，一臉的皺紋正在敘說歲月的滄桑繁華落盡。
因此鏡中的影像是一個人物，他並不等於照鏡子的人。
然而鏡中的人物是有意義的、重要的，他做為一種實在進入我們的生命。」

—— 余德慧《生命史學》

目錄

推薦序

永遠在路上

楊翠（國立東華大學華文文學系副教授）

本書所敘說的，是關於一個流亡者，如何流亡到另一個流亡地，遭遇、聆聽、書寫另一群流亡者的故事。移動、跨界、混雜；流亡、生存、反抗，是這本書的幾個關鍵詞。

書題為《流亡日日：一段成為西藏人的旅程》，拋出幾個重要訊息。「日日」，彰顯流亡者「永遠在路上」的移動姿態，這既是一個時間延宕的概念（民族誌的蹲點，長期的旅程），也是空間轉遞的概念（非僅一處的跋涉，多元的田野）；而「成為西藏人」，指涉了研究者（移動主體）向研究對象（流亡主體）

靠近、指認與認同的動態過程；至於「一段旅程」，則呈現出「成為西藏人」是在一個特定時空脈絡底下進行，並非固態的、穩定的認同屬性，而是一種生命實踐狀態。

這樣的書名，以及這本書的書寫形式，都彰顯出《流亡日日》做為一部人類學的研究成果，具有「多重跨界」的性格；它介於學術論述、田野筆記、旅行散文之間，介於理性與感性、自我與他者、個體與集體、臺灣人與西藏人、研究者與報導人之間。

這本書所敘寫的，既是印度流亡藏人的生存處境，也是作者自身擺盪於各種邊界的多重流亡歷程。在人文社會科學領域中，每一個研究主題，都既關涉研究對象，也關涉研究者本身；一個研究者之所以選擇某個研究主題，經常是在回應他自己的生命課題，甚或是生命難題。以一個難題，暴露、回應、拆解另一個難題，既是學術研究的策略，也是生命主體的自我展演，更是研究／被研究主體之間互涉互文的見證。

所以，書中最鮮明的主題，是作者本身的生命難題。首先是「知識流亡」，因為學術專業的多重跨界，作者無法（不願）穩固地定義自己在知識系譜上的位址；然而，也正因此，她得以不拘泥於某種知識系譜的框架，而能維持「在路上」的能動狀態。

不過，知識地圖的廣度幅員，並不是作者「跨界流亡」的主因；也就是說，《流亡日日》中的作者，選擇以「流亡」做為一種生存姿態，並不是因為她喜歡在知識地圖中跨界旅行、歡愉自在，而是緣自她自己的生命難題。

這種選擇，既指向主體歡愉的跨界性，也指向主體糾結的混雜性，讓這本書具備自省、自我反思的文本性格。作者不僅在知識系譜上沒有確定位址，身為一個具有臺灣意識的「連字號」（hyphen），身上混雜著芋頭和蕃薯的血脈，在島內複雜的家族、國族認同光譜中，同樣找（不）到安居地，以致她必須維持一種不斷在尋找的、永遠「在路上」的能動狀態。

從位移失所，到流亡上路，這便是作者為何界定自己的知識移動是「流亡」，而非「旅行」的原因。旅行者的移動，主體愉悅，無處不去，而流亡者的移動，主體艱困，無處為家；旅行者的旅程，四面都是風景，而流亡者，既要不斷在邊界迂迴躊躇，又必須堅定生存意志與生命能量。同樣是以「不確定」來確認主體的自由，前者是自在的，後者是抵抗的。

因而，這本書最動人的地方，正是作者的自我揭露、自我曝現，甚至是某種程度的自我告白。她揭露了一個人類學研究者自身的理想、幻滅、焦慮、困倦、疑惑、失落、感動，也同時展演了研究者和她的田野的各種依存關係；有時她是個旁觀者、記錄者，有時，她以一個（臺灣）人類學者的身體與感官，涉入田野，深深沾染了現場的氣味。

這屬於「印度流亡藏人」的流亡之地，卻也同時是他們的生活現場，因此，這裡的「現場氣味」，本身就混雜著各種複雜的味道。而這名臺灣的人類學者，上路流亡，她的身體感官，涉入流亡者/移居者的生活現場，參與他者日常生活，主體與他者貼近對話，感知著他們的負傷與痛楚，體認了他們徘徊於多重邊界，回不了家，卻又難以安居的生存處境。

於是，這本書另一個動人的主要內容，便是作者所再現的流亡藏人的生存難題。《流亡日日》裡，流亡藏人選擇以兩種「肉身行動」進行抵抗；其一是逃亡，從地理空間與精神壓迫中逃離，追求自由與安頓；其二是自焚，以個體的、肉身的死亡，尋求集體的、精神的重生可能。

書中關於逃亡與自焚的書寫，令人動容，既寫出逃亡者與自焚者所面臨的生存難題，也寫出兩者所內蘊的反抗能量。以逃亡而言，如果在故鄉的「安居」，是強權壓迫的緊箍咒，那麼，「流亡」就成為另類的自由；如果在異鄉的「安居」，逐漸讓主體異化、失落本心，那麼，維持「流亡難民」的生存姿態，就成為主體自我安頓的策略。

然而，抵抗與壓迫，總是共時並存，而流亡，也總是一種不確定狀態。做為一名流亡藏人，當他以「逃」進行抵抗時，無家可歸與精神異化兩種結局，就隨時都在等候著他。一方面，回不去／成為（移居地）難民，是以離散抵抗殖民者的收編，而不回去／成為（移居地）公民，則是為了脫出「中國人」的國族編碼；另一方面，成為難民，標誌著無家可歸，成為公民，則揭露了主體的異化。當主體被孤寂邊緣的流亡情境打敗，當新的公民身分抹除了流亡者的能動性，流亡藏人主體就可能消亡。這就是流亡者最大的生存難題。

確實，移動並不代表苦難的終結，困局之外還有困局，然而，身體一旦啟程，主體也有了脫困的縫隙。

相較於流亡者將自己拋入一種「不確定」的存在姿態，逆寫中國統治者以國族大敘事所進行的暴力收編，自焚則是另一種抵抗。它反過來，以被中國政府貼上「暴力」的身體話語，反證了中國政府的暴力體質，展現了個別主體／集體藏人的抵抗實踐。

書中以頗長的篇幅，描述藏人為自焚者送行的儀式。通過儀式，通過宗教語境的演繹，自焚者成為藏人苦難的載體，召喚了藏人受苦的集體性，開啟了關於「苦難」的敘說空間：「在這個敘說空間中，不但直接指認自焚者，也間接描述了西藏族群。」

個體的肉身行動，指認了集體的受苦經驗，也指引了集體救贖的未來可能，所以，祈禱之夜，光色透亮：「自焚藏人蔣佩以西過世後的祈禱夜晚，滿城燭光照亮靜默的暗夜，夜空並非純然的黑，而是帶著彩度的深藍，彷彿人生前景看似昏暗卻混著湛藍色的盼望。」

《流亡日日》中，作者對於印度流亡藏人的生存處境與抵抗形式的摹寫，反映了她自身對於文化身分認同的躊躇探索。研究者與她的研究對象，彼此牽涉，相互指認，既是自我的流放與安頓，也是自我實踐、自我救贖的一段動態旅程。

無論是印度流亡藏人，抑或是臺灣人類學者，他們的「日日流亡」，都是在生命難題中，試圖面對並拆解難題；在日常生活中，面對非日常性的歷史、文化與政治命題；在黑暗宇宙中，尋求一線脫困與安頓的間隙。

推薦序

唯日常能趨向真實

阿潑（《憂鬱的邊界》、《介入的旁觀者》作者）

提及西藏，世人心裡興許浮現幾個圖像：一是天高地闊與其神秘信仰，二是其激烈高昂的政治主張，或是可嘆可憐的流亡。對臺灣人尤其如此，有些人嚮往藏地旅行，想像將心靈拋諸天地，有些人在政治上同情藏人，提到中共鎮壓與藏人自焚情事，語音高亢、情緒憤怒。臺灣 NGO 或志工喜歡到印度藏區服務，目的不待多言：難民需要幫助。

同是政治難民，緬甸克倫族、克欽族，乃至於羅興雅人的故事說來話長，若非小男孩於沙灘上的死亡背影，敘利亞人連一句話的發聲機會都沒有。但我們對藏人的問題雖不能說非常清楚，卻是知情的。這多虧達賴喇嘛的魅力、西方世界的同情與傳播，或是異文化的吸引力。但也因為如此，對西藏的敘事便顯得簡化、刻板，藏人的處境與生命便也單一——他們都抗暴，他們想逃離。

我曾經也這麼想像藏人的，直到某年，到了雲南藏地，卻聽一個藏人對我訴說「黨」如何好，中國如何強大，臺灣不能獨立等等，才懂得質疑自己的想像。昏暗的藏式酒吧內，在濃烈的青稞酒後，我什麼話都沒有說，只是靜默。獨自在異地，畏懼爭論，害怕衝突，想說的話就著酒精吞下。帶著醉意回到旅館，眼皮沈重，卻無法入睡，只是想著：「為什麼這個藏人，跟我想像的不一樣？為什麼這個藏人，背叛他的文化？」

答案其實簡單，一下子就想透，只是無法理解：對藏來說，藏究竟該是什麼？這問題的名詞換上其他，例如臺灣例如美利堅，怕誰都答不出來，藏當然也一樣。但我還是糾結著。

我糾結的問題不只這些。二〇〇八年，我在自由廣場前看到藏人靜坐，廣場中央是野草莓學生的場子，藏人們側居一角，想藉點熱鬧學運的光。這些「沒身分」的藏人宣稱要「自首」，至少自首後在牢裡還有飯吃，不致於餓死。但這是表面話語，實際用意是和二〇〇一年達賴喇嘛來臺一樣，引政府「大赦」在臺藏人，讓他們快速取得身分——難民在臺灣無法處理，若不能取得身分，在政治上不具權利，在經濟上也曝不了光。他們必須想方設法留下來。那時我同情他們，替他們感到哀傷。

但多年後，我卻疑惑了。二〇一五年，NGO團體出版《一線之遙：亞洲黑戶拚搏越界紀實》前，讓我先讀了書稿，閱讀過程中，我總是卡住，最後終於發問：「既然在臺灣取得身分這麼難，他們為何不回原居地？」在東南亞生長的可以回東南亞，從印度、尼泊爾來臺的藏人也能回南亞。NGO工作者簡單回應：「人都想追求更好的生活。」

不論主旨多麼恢宏，反覆閱讀《流亡日日》這本書的過程中，我感知到的也不過就是：「追求更好的生活。」在精神上、信仰上、物質上、生活上、心智上、情感上……甚至是作者鄧湘漪自己的田野生活、學術生涯，乃至於個人情感上，「追求更好的生活」都隱隱浮動著。因為如此，她才在困境中到印度做田野，正因如此，藏人才熬過萬般艱辛，翻山越嶺來到印度，甚至撐著要離開印度，往西方而去。

作者本人對這本民族誌的生成，是這樣說的：「本書以藏人流亡至印度、進而希冀跳機西方的移動生命為基礎，在族群離散日常生活的文化意義，與後殖民心理狀態中，探索印度流亡藏人的苦難處境，討論流亡藏人的苦難生成、回應，以及鑲嵌在族群離散生命裡的結構性思考。」

「這部流亡藏人日常生活民族誌，將彼此的生命經歷勾連起來，使得遷移與離散不再單單指向流亡藏人，也讓『我們』同在一條船上似地經驗了流離。」

「我們」這個詞，帶進來有點睛之用，是為提醒，提醒我們在閱讀他者的生命故事，他者的苦難，或他者背後的結構困頓時，若能思考到自己的處境，自己的位置，或許才能讓敘事有意義，並進一步產生對話與反思。是以，作者鄧湘漪以自己在知識上、田野中，或 NGO 工作裡的疑惑不解，還有在不同系統間流離的過程，呼應了文中報導人的現實狀態，她也不吝於揭露自己私人情感在田野發酵的程度與結果。

讀這本書稿時，我正置身於自己的田野，泡在訪談與異地人際關係中，自也要聆聽抱怨、八卦與各種蜚短流長，一日下來疲累不堪，睡前閱讀這本書時，竟也對作者要不要赴約、回不回家，以及陷入的那些是非爭鬥間，起了強大的共鳴。

在傳統的民族誌中，「我」往往被隱去，只能呈現客觀資料與分析，終成枯燥無味的學術文字，留給下一個研究者品茗；馬凌諾斯基的田野日記出版後，引發極大的爭議，人們才知研究者有七情六慾，也有文化本位和偏見，這是其生長背景與個人性格帶給他的，研究過程中無法抹去，尤其獨自置身異文化內，「我」更是凸顯。反思人類學由此而生，此後，民族誌多半帶了點「我」的色彩，只是程度多寡。

鄧湘漪的「我」實為明顯，以至於我們能跟著她的文字，描摹出講堂的樣貌、山城的模樣，或者藏人居住的偏狹。她的書寫極重視細節，樹的位置、路的形狀、臥室的光線彷彿都在讀者眼前浮現，於是，生存其間人們的情感、夢想與困頓，也因這細膩而揮散在書頁之中，每次翻閱，心就跟著沉了一些、糾結了一些；卻也和作者的視野、報導人的生命，近了一些，感知了一些。

但「流亡日日」的主詞，是「日日」，作者自己在田野的日常，與報導人、藏人在印度生活的日常，才是重點。「日常」是人類學研究的課題，在日常之中的反覆操練、文化實踐，才能讓人與其文化立體。唯日常能趨向真實。流亡是形容詞，也是因果，因為流亡，所以在異地生活，因為在異地生活的不安定或種種因素，於是繼續流亡。這是一個循環的狀態，恰巧反映出對「日常」的錯誤想像——日常並非日復一日、安穩、靜止不動的枯燥狀態，日常是動態的，恰指向文化的動態、社會的動態，與人的動態。

我亦曾到印度藏區一週，走馬看花一般，僅是些浮光掠影，卻不懂那清澈藍天與乾淨山壁，如何形成了難民的陰影。他們看來如此知足，又如此大方。但西藏兒童村的故事，與流亡政府官員的憤怒，又顯得那麼真實。我該選擇哪一個記得？慢慢的，我開始明白一些事，我們對西藏的認知、對藏人的了解，其實根源於我們自己的身分和位置。藏人對中共的排斥、對獨立的主張，在在能與臺灣人對話，即使不屬於獨立那方，也能明白藏人對文化主體的堅持源於何處——畢竟，一九四九年後也有一場逃難潮，目的地就在臺灣。我們以為自己看的是西藏問題，其實想的是自己的處境，在大中國的邊陲，再也沒有比我們更了解這樣的困境。

但我們終究不是藏人，終究沒有流亡，所以，當一個藏人說他熱愛共產黨，屬於偉大中國，當一群藏人說他們寧可沒有身分，也要冒險在異鄉生存，我們會疑惑，因為，我們缺乏能夠對話的經驗與背景。甚至讀到鄧湘漪寫道：藏人說他拒絕學英文，只因痛恨過去英國的統治，我竟感到吃驚——個別經歷被我放大成刻板印象，我錯以為藏人英文都很流利。

就像我錯以為所有藏人都懂得「反共抗暴」，都想追隨達賴喇嘛一樣；就像我錯以為藏文化僅在「西藏自治區」，忽略了青海、雲南、四川等地也都有藏，其歷史文化發展中，文化各有消長，語言亦成區隔，難以純然整體而論。鄧湘漪在書中便做出解釋與定義：「民族誌書寫中的西藏，不僅是描繪族群的詞彙，也包括地理上的意義（即位於中國境內的大藏區）。在這個脈絡下，沿用西藏具有刻意字詞選用以翻轉其政治性的味道。再者，西藏為田野報導人所慣稱的家鄉名字，藏人將西藏分為衛藏、康巴、安多三大區域，具有歷史文化上的實踐價值……。」

儘管鄧湘漪以「翻轉政治性」的語詞來稱定藏人，並將田野限定在印度藏人屯墾區，抽離了中國境內藏人、藏區當下的難題與政治糾葛，但《流亡日日》這本民族誌以流亡為框架，以逃離中國藏區的藏人為主題，早以說明它本身就是政治的，但「政治」是否是人們慣常想像的狹義權力、國族關係？怕是無法如此粗糙定義的。畢竟，政治與認同邊界總是游移的，但在游移之中，也能產生穩固的界線。這部分的思考，或留給讀者自己想像。

總之，閱讀《流亡日日》的過程，大概充滿了上述這般在既定認知內，也打破既定認知的反覆之中。換句話說，在我熟悉的西藏難民的敘事之後，可能接著的是我完全不知道（或沒想過）的藏人社會或故事。但令我讚嘆的並非作者寫出「你所不知道的西藏」，而是作者誠實地打破許多人對西藏難民一廂情願的同情與想像。這或許就是人類學家投入田野，最珍貴之處，他們從歷史、信仰、政治、經濟、勞動……方方面面去建構出藏人社群的一切，甚至仔細爬梳、解析群體之中會有的八卦與人際糾葛，當然不會忘卻藏人社群與印度社群之間的勢力消長與權力利益而生的張力，就連觀光發展與生態環境都帶了幾筆。我特別喜歡的部分，是捐贈者錢財的利用、運送等細部描述與權力關係，還有作者在一開頭便寫出報導人利用，讓她憤怒的故事（我自首自己真的是太愛看精采八卦跟肥皂劇了。其實我欣賞這種坦承）。這是一部極為出色的民族誌。

序章

流浪

「經由一項令人驚奇的啞謎，我的探險生涯，並沒有向我展現一個新世界，反而是造成把我帶回到原來的舊世界去的結果，那個我一直在找尋的世界在我的掌握之間消失於無形。」[1]

我一路追尋，卻也一路失落。以為走得越裡頭，看得越清晰。然而，走到底卻發現仍舊落空，更加跌入深淵。

再一次翻閱著過去幾年來在印度流亡藏人屯墾區的田野筆記，無預警地發現了某個隱藏起來的敘說規則：無論是藏族報導人或我自己，那些關於現下處境的思維和念頭，總在計劃未來與安住當下之間反覆。報導人多吉[2]積極地籌措跳機美國的旅費，規劃著從印度經俄羅斯到蒙古，打算繞道蒙古落腳美國。當他正說著內心潛藏地圖裡的移動路徑時，接著便蹦出：「對未來不用想，也沒得想。我這樣說不是因為佛法重視當下，而是因為在印度，工作賺錢能賺多少？什麼都不會，英文、藏語、中文都不好，去國外幹嘛？」而我自己也不斷呈顯對於出田野及研究進程的不安，甚至吐露出關係連結中的不確定性。「放輕鬆，再慢、再慢。一切妄想皆是空，那就完成現下的任務。」這話反映了兩種心態：一方面，當我規劃學術道路進度時，田野筆記上不斷以當下時日為起點，計算著未來取得學位、爭取博士後研究、進入學界、計劃寫作的時間列表；另一方面，我對於往前看沒有希望、往後瞧一切都來不及了的這種「什麼也不是」的位置和狀態感到慌張，日子一天天往前走，而每一天都在想是否該以當下為停損點，終結這不知道未來能否向自身開展的困頓時刻。

知識轉折與取向認同

西藏民族的生命經驗便是在這般困頓中，展開了一趟關於族群認同與國家識別的流亡旅程。本書以藏人流亡至印度、進而希冀跳機西方的移動生命為基礎，在族群離散日常生活的文化意義與後殖民心理狀態中，探索印度流亡藏人的苦難處境，討論流亡藏人的苦難生成、回應，以及鑲嵌在族群離散生命裡的結構性思考。「連字號」（hyphen）的族群身分呈顯了藏族流亡的存在形式，不僅是西藏—印度—中國的三連號政治關係，更是無國籍—有國籍、藏傳佛教—印度教、家鄉—異鄉、經濟價值—社會資本、理想—現實等的連帶關係。藏人帶著各式連字號的混雜情緒在異地延續民族生命，生發具創造力的連字號存在樣貌。與此同時，透過藏族的苦難遷移和敘說，可獲得對人生存處境的理解與詮釋；連字號所承載的文化實踐和主體經驗，聯繫了流亡藏人與正在閱讀本書的「我們」。這部流亡藏人日常生活民族誌將彼此的生命經歷勾連起來，使得遷移與離散不再單單指向流亡藏人，也讓「我們」同在一條船上似地經驗了流離。

應該是知識上的流亡經驗，讓我能如此貼近藏人的生命。從社會工作、社會發展到人類學訓練的混雜背景，使得我成了一個無法界定專業領域的實踐者。每回知識系統的轉變，皆來自田野現場實踐歷練的反省，以及對前一回合知識訓練的論述價值與工作方法的不滿足，轉變的目的總在試圖找尋理解世界的新眼光。一九九六年秋日我離開臺灣，前往受內戰侵擾的柬埔寨，參與難民返鄉後的生活重建計畫（八〇年代柬埔寨人民因戰爭逃往泰國邊境難民營，九〇年代戰事稍緩，聯合國推動遣送難民回鄉政策）。這是一個結合國家、大型國際組織如聯合國體系各單位，以及來自全世界面對社會苦難而興起道德責任之感的中小型國際非政府組織、教會，甚或個人參與的國家重整與城鄉發展大業。如果參與者能按照世界或自身既存的道德邏輯完成計畫任務，或許不會引發過多工作衝突。然而，現場經驗中關於倫理道德、族群互動、國際權力、資本流動、追求現代化所隱藏著的價值體系傾軋，以及非政府組織工作者與在地生活的斷裂，在在都讓實踐者無法遮蔽感官經驗，將頭顱埋進砂土裡視而不見，彷彿世界仍以自我內在建構完整的美好形式繼續運行。

內戰後的柬埔寨經濟蕭條，靠天吃飯的鄉村人口往往在無法耕作的乾季時節，移動到首都金邊謀求零星的勞力工作機會，無非是想賺點現金貼補產量有限且價格低廉的農糧生產，並且解決休耕期間農村剩餘勞動力的現象。這種勞動力移動的工作邏輯並沒有問題，反倒是勞動價值轉化的積極表現，但關鍵轉折在於鄉村人口移往都市時居無定所，首都的權力階層稱之為「街頭遊民」，而我的工作目標就是透過職業訓練輔導農人返鄉。這項計畫到後來執行得很無力——暫時排除了真正無家可歸的都市浪遊者，僅針對鄉村勞動力短暫季節性移動到都市所產生的夜宿街頭人口群；而這群農民在都市與農村之間往返自如，一旦鄉下家裡有事招喚，拍拍屁股就回鄉了。只有都市周邊的鄉鎮農民才會移動到首都，因為距離近、花費低，若都市街頭生活不順利可隨時回家，鄉村支持系統並未瓦解。對於這類型的移動人口，返鄉其實並不需要輔導。事實上，組織還是可以鎖定該人口群工作，但工作的目標與方法勢必與既有的運作形式截然不同。

計畫同時針對一群熟稔農事知識與技藝的農業老手，提供捕魚網、修腳踏車、縫紉等現代化發展體系所認知的鄉村職業訓練。我常在工作中深深覺得最該接受組織所提供職業訓練服務的人是我自己——在我成長過程中，臺灣社會因經歷工業化與都市化的發展，各種技藝與生活分離；當生活技能分流後，原本日常操練的生存技巧便拱手讓渡給以此維生的人，在現代化的生存處境裡，我們用金錢購買生活技能。儘管組織工作者都看出計畫荒謬之處，但推動革新卻面臨極大阻礙，難題來自於與在地政府的合作。外來資源支應了官僚系統裡的科層人事，從中央到地方官員均受惠於組織運作的計畫，牽一髮而動全身。於是，維持表面看起來非常像樣、但實際執行卻無法直視問題核心的運作，成了一組人馬的共謀。

我也在這共謀體系之中。面對諸多田野現場的刀光劍影互動，往往我看不太清楚問題緣由，既有的知識系統夾帶著純真善良的倫理價值，但卻沒有支撐理解苦難現象的能力，也無法提供精準直面議題的分析概念。有一回，一群社會發展訓練背景的師生到訪柬埔寨工作站，將近一個星期的參訪行程，從官方拜訪到與農民對談。一名接受組織計畫輔導返鄉的農民，談起村莊邊上河流本是村民漁獲來源，但近日都捕不到魚了，憂心往後不知該拿什麼東西到市場上換取生活所需。當組織工作者忙於處理農民現下生活困境時，訪問師生接續拋出問題，指出癥結在於河上游蓋起了紡織工廠，攔截水源致使下游無水可用、無魚可捕。組織成員花費精力、想方設法應對農村日常生活困難，但事實上在跨國企業進入農村，生存環境與形式遭受衝擊的當口，我們宣稱的鄉村發展工作顯得多麼蒼白且欲振乏力。

在學會看清楚這些結構性的相互箝制後，我重新裝備了自身在國際發展路途上的知識基礎，以一種較能清晰分析全貌的理解形式重回苦難現場。然而，這些單刀直入的直觀路徑，卻讓我回不去第三世界鄉村，因為正在做的事就是備受批判的事。儘管大論述、大框架確實提供認清互動現場的了知工具，但那直視困境的高度卻抹除了人與人之間的情感，以及諸多生命不得不為的無可奈何。我在拋擲出大語言的同時，深刻體悟到身體的不適應和實踐場上現身姿態的錯置。對參與者而言，那分明就是值得投入的場域，何以身體和意識都留不下來，只想逃走？不該是這樣的，生命不能單靠知識，直觀知識系統無法應付苦難生存裡的艱險狡詐，也無法回應對於自身難題的承擔與閃躲。在看清楚生存處境的複雜時，無能溫柔待之，總是用硬邦邦、直覺式的身體硬闖和衝撞，當然最終就以傷者之姿離場。國際政經運作的論述觀點，支撐著實踐者釐清埋藏在日常互動身後的權力流動，然而，人總還是得回到當下生活，與不知道下一步在哪裡的現實生存交手。二者構築了人生存的真實處境與難題，對實踐者而言，無法偏重天平某一端。

列維納斯（Emmanuel Levinas）在討論倫理主體時指出，人的存在如何能與他者建立關係，同時又不剝奪他者的他異性：「以現象學方法描述一種與他者『面對面』的遭遇關係：包括與他者相遇之際所搭建起的超驗性、前感知性、在世生活經驗的詮釋，以及對他者無盡要求的回應與責任。」[3] 如何透過溫柔的理解形式置身田野實踐場上的相遇之中，並運用合適的語言吐露生命的難題，成為我往後實踐歲月的追尋。在過去二十年來未曾離開過的苦難現場裡，唯一改變的是實踐者的現身姿態——以更加無姿態的姿態處身在現場中。實踐的知識或技術訓練總告訴我們要與受苦者站在一起，然而，一旦親臨實踐現場，與受苦者、亟欲緩解受苦現象的各種元素（官僚系統、非政府組織、帶著良善意圖進入苦難現場的個體）之間總會產生諸多互動張力，各種介入元素所集合起來的角力能量，使得參與者和受苦者的距離愈來愈遠。田野現場生發的疑惑、不解甚至衝突，都一再突顯身體實踐與知識訓練之間的鴻溝。我想可以這麼說，這些挫敗的實踐經驗，更進一步逼迫自己回望田野現場的實踐情感——面向自身與他者的遭逢，人類學田野工作必然伴隨的自我消融與瓦解。

我、西藏及田野角力

我與藏人的相處歷程並非憑空而來。在年紀稍輕時期，對遙遠他方的「西藏」懷著浪漫的想像，且對藏傳佛教信仰抱持崇敬的心情。當自己開始具備旅行能力後，便亟欲造訪那帶有神秘味道和絢爛色彩的地方。這是一種很奇妙的身體經驗。起初我不懂得藏文，但聽見藏音卻有熟悉之感，相較於這個世界的強勢語言，學習藏文的動力有過之而無不及。最令我震撼的非理性情感表露，是二〇〇七年七月我在印度北部流亡藏人屯墾區德蘭薩拉，聽聞達賴喇嘛尊者說法時的撼動經驗。達賴喇嘛於印度大昭寺宣說佛法會依不同族群傳揚相異的佛典，而在主要傳法對象之外，某些場次開放給零散的國際修行人或觀光客參加，所有與會者均須在會前申請出席證，並於達賴喇嘛講法當天通過繁複冗長的安檢方能抵達會場。我在朋友的幫助下，坐在主殿外圍最靠近尊者法座的大門邊。就一個不屬於任何佛學團體的散客而言，未經任何努力便能如此靠近達賴喇嘛，足以羨煞眾人。

當天我晨起、盥洗、用餐、排隊、過安檢、入座，距離表訂達賴喇嘛宣講時間尚有四十分鐘餘。我只是安靜地盤坐，感受那虔敬安穩的神聖氛圍，情緒安定平和，甚至是有些興奮地等候時間將至。當達賴喇嘛入場，群眾自後方波浪般地起身迎接，彎腰雙手合十且眉眼落於水泥地面不敢直視，只有觀光客會帶著如同見著國際巨星的興奮表情目不轉睛。待達賴喇嘛禮佛入座後，眾人頂禮三拜接續落坐。這一連串象徵儀式將人的思緒自獨有的個人狀態，引領至群體性的宗教情境中，整個過程我都平順地追隨融入，愉悅地享受信仰帶來的安慰，並期待聽聞法王釋論經典，對信眾說話。然而，當達賴喇嘛發出第一聲低沈長音的引領禱詞時，「嗡」的低音透過麥克風飄蕩全場，在毫無前兆與防備下，我的眼淚竟沒來由地奔出眼眶。低音鼓般的聲響從耳朵穿進內心重擊，彷佛自己不為人知的黑暗世界給掏了出來，控制不住地哽咽淚流。直到達賴喇嘛吟唱祈禱音聲終結，我才稍稍收起淚水，深呼吸後整個人陷落在猛然哭泣的震撼當中。

這說不出緣由的神聖經驗，在我往後的印度生活中一再獲得應驗。二〇一二年接連兩次與達賴喇嘛和大寶法王的接觸機會，都發生類似的身心觸動。原本是平靜無風的心緒，卻突如其來地眼淚狂流，甚至演變成因痛哭而說不出話，現場眾人皆無語且睜大眼睛盯著我落淚的窘境。我不是一個用功的佛教徒，也沒有投注心力於佛法學習，關於禱詞與法本所知甚少，對於信仰並不狂熱，或者可以說我比較相信自己。儘管如此，並非全然信服宗教的我卻真實體會到神秘的情感流動，那是理性世界無法解釋的情緒狀態——在神聖力量面前挑起了心中的衝動，這股衝力哽在喉頭無處宣洩，喉嚨與口腔的那個轉彎處隱隱發熱，最終爆發成眼淚。

除了神秘經驗外，我在印度的生活也充滿了政治角力。最沮喪與落寞的互動經驗莫過於潛藏的隱性利益交換，其中牽涉研究者取得田野材料的倫理衝擊。我與丹增相識於一場華語教學分享會，丹增一家三口因先生南嘎是政治犯而離開西藏落腳印度，南嘎在德蘭薩拉的政治受難者組織工作，丹增則打零工貼補家用。認識丹增的當時，她正在參加西藏學校舉辦的華語師資培訓計畫（通過考試將分發至散布印度境內的藏人屯墾區學校任教）。除了日常聯繫和問候外，我與丹增認真且具目的性的訪談共有兩回，而這兩次的談話聚會結束後都讓人感到失落。

第一次拜訪丹增是在某個星期日，我特地選在藏人行政中心所規定「每月第二個星期六為假日」的雙週末。原初考量是每個月只有當週放假兩日，對於遠在三十公里外學校受訓、僅週末放假日回家的報導人而言，較不影響她既定的日常生活運作。當天依約前往丹增家，那是一間只放得下兩張床和一個書桌的雅房。我坐在床邊與丹增閒聊，她提起繪有大紅色牡丹花的中國製熱水瓶，倒了杯早上煮的甜茶給我。兩個小時的談話過程中，我不斷挑戰自己的訪談能力與技術。丹增來自政治受難家族，習慣媒體或研究訪談，不畏怯在陌生人面前敘述自己的生命經歷，因而某些話語或回應聽起來偏向經過訓練與包裝。這種談話對我來說是疲憊的，因為必須不斷見縫插針且迂迴提問，好讓彼此不落入「既定流程」裡頭。儘管如此，對話仍稱得上賓主盡歡。近午飯時間，我邀丹增和十歲大的女兒一起用餐，藉此聯絡感情且答謝叨擾。「不吃了，我下午要回西藏兒童村，昨天（星期六）還上課，衣服還泡在公共浴室裡要洗，還沒打掃，也要做午飯吃午餐。」丹增推辭著說。當下我的罪惡感與失落感油然而生，一方面來自取得材料的訪談打擾了報導人的生活，她必須停下所有工作與我說話，壓縮了她處理家務和寶貴的休息時間；另一方面則是研究取材內容受到某種「故事規則」所覆蓋。這麼說並非否定藏人遠離家鄉成為流亡者的事實，而是當藏人積極向世人敘說自身逃難經驗，啟迪世界共同承擔西藏苦難命運的同時，也重新模塑並規限族群生命歷程的樣貌。而我的任務則是試圖剝除那看似具有一致性的故事發展，在共通的生活狀態演變中，看見表層逃難故事的內裡變化。正因為如此，面對過多相似敘說語言的西藏故事，身心承受得疲倦，加上必須用力揭開故事表象，使得我與報導人都處在過度推敲想法與表達的處境中。不難理解丹增的心情，即使無論如何都要吃飯，她也寧可花時間自己煮，而不想再與我一同用餐。

有了這回談話經驗後，我便刻意減緩規劃好的「訪談」，讓自己與藏人在日常生活中自然交流互動。不久後，我接到丹增的電話，她主動邀約並提及南嘎想與我說說他自己的故事。這第二次長時間的拜訪，重挫了我與丹增一家相處的關係和立場。我與南嘎的談話內容自日常瑣事展開：南嘎的腳受傷，我關心詢問醫療及後續照顧的事，接著便著眼於遭中國列管的政治犯如何輾轉落腳印度，並投身西藏民族運動的經歷。我與南嘎討論著西藏的未來，席間丹增不時補充杯裡的茶水，我也與她有一搭沒一搭地聊起華語教學訓練的考試內容。南嘎突然話鋒一轉，提起自己曾在中國西藏自治區擔任導遊，因為語言優勢而專門為西方觀光客量身訂做旅行計畫。南嘎還在我的筆記上手繪西藏旅行地圖，清楚表示點與點之間的關係位置、距離公里數及移動所需時間。「待會還有個人要來。」南嘎在畫圖時塞了這麼一句話。我聽見了，回問那位訪客的身分。南嘎答道：「9-10-3（前政治犯運動組織）的創始人，他的故事很精彩，妳一定要寫到論文裡。」我微笑沒有接話。

大人物抵達丹增家後，夫妻倆十分敬重地招呼打點座位與茶水，並轉身交代我向大人物自我介紹，我只說了最保守的研究身分。我的話語聲才剛結束，大人物便掌握全局，滔滔詳述欲籌組基金會的理念、想法及運作規畫，現場頓時成了非營利機構的籌備會議。大人物將組建基金會的難題及缺乏全丟了出來要我回答，我就過去參與非政府組織的經驗客氣回應，同時腦中不斷閃現各式各樣的疑惑：情況怎麼演變成這樣？對方早就安排好談話，只有我自己不知道？大人物究竟想要什麼？為什麼找我這個默默無聞的研究生討論運動大業？由於內心冒出太多疑問，並且沒有機會提問，我只能採取以守為攻的策略，其中尤以財源議題的攻防最為艱險。大人物提出在臺灣長期募款與贊助基金會計畫的想法，我就可操作及需要進一步研議的矛盾來回覆，藉此同時塞進一個建立信任基礎的問題：「為什麼不找某某基金會，不是已經跟他們合作一陣子了，而且目前也還有合作規畫？」大人物沒有回答，僅笑一笑說：「不提這個！」依我自身的工作經驗，猜得出可能與理念歧異、資源分配或人際衝突有關。

在將近四小時的互動裡，雙方皆處於不斷布局和算計的攻防戰中，我當下確實震撼於宛若鴻門宴的邀約。面對大人物提出關於籌組西藏組織天馬行空的美好想像和空泛語言，我依然客客氣氣討論，察言觀色地小心說話，不讓自己落入任何承諾或圈套之中；「圈套！」我當時著實冒出這樣的字眼。我在表面上維持禮貌，內心實則波濤洶湧，主要是因為對方挑引出我過去十數年來，參與非政府組織工作的所有負面經驗和情緒。這是個人極度內在的作嘔感受，源自於全心熱情投入後，面對現實殘破處境的挫敗情緒，轉而衍生成為排斥心理，那是一種深知實踐的意義、卻仍在尋找「舒服地」參與形式的困境。這個難題節點表現在不評價非政府組織行動的微笑中，敏感之人當體會得出抿嘴笑容背後的深遠意義。

大人物引出了我向來小心呵護與不斷思索的實踐情感，他積極尋找合作夥伴並希冀當場立下諾言的舉措，正是我自身經驗裡極度避免的「輕易」。或許任何人都可以批判我這恐懼「輕易」的設限是種瞻前顧後、成不了事的態度，但對我的情感難題來說，這拒絕「輕易」行動的防堵，卻是看重臨現在我身邊一切人事物的表現，我在意自己的現身姿態是否溫柔得宜。就在這相互較勁、情緒翻攪的時刻，大人物突然說道：「五月三號到五號，達賴喇嘛在寢宮對中國請法團講經，如果妳要去，我可以安排。」此話一出，讓彼此的情感交流更顯噁膩，當下氣氛太難回應。藏人喜於曖昧中溝通，而這對話不但讓我當下心生反感，也不利於雙方未來的互動。於是，我卸下嚴肅與正經對話的面具，以戲謔口吻故作輕鬆說道：「我應該沒有資格聽法王講經啦，不用費心。但為什麼現在我有接受聽經安排，就得要幫忙基金會事情的感覺？」我無辜疑惑地看著大人物。

「妳想太多了，也想得太快了，我們沒有想那麼快。就像妳剛剛說要去西藏，我也幫妳一樣，妳的研究需要什麼資料，我都可以給妳。」南嘎發言為我的疑慮摸頭，同時一併戳破曖昧，而他提點我的方式正是我不願葬身其中的交換關係。雙人探戈的旋律就此中斷，話題轉向宏觀的西藏議題如獨立運動、中間路線等打轉。「好好好，我們今天就是來聊聊天的，就來聊這些事情交換一下意見。」南嘎試圖緩和現場稍顯凝滯的氣氛。後續閒聊已近晚餐時間，四個人又陷入是否一同用餐，以及移步到日本餐廳喝杯茶的推拖中。所幸丹增接到一通電話，必須離開家到巴士站辦點小事，我便順勢陪同她出門，終結了這場讓人精疲力盡的聚會。返程時，我無法立即回到住處，心緒紛亂下找了間茶舖，坐下來喘口氣，不停回想整個下午到底發生了什麼事。是自己的反應過度了嗎？還是過於期待乾淨無暇的人際甚或人生？然而，一直以來我都深知「客觀」之不可及，待人處事也在歲月歷練中稱得上成熟，那麼這一下午的情緒翻騰究竟為何而來？

或許純然只是因為大人物恰巧重擊我內心最為幽暗的工作與生命經驗，自己不願意碰觸和討論的話題正好是大人物最急切尋求協助的事。在離開丹增家前的胡亂閒聊中，我曾開玩笑地直言：「不要對我期待太多，我承擔不起，這樣壓力太大了，我沒有辦法。」這一連串由組織運作和經營資源牽引出來的交換關係，帶著濃厚且憂傷的政治性，無論是人際上、物質上或精神上的糾結，在偶然中使得我與大人物雙雙受了重傷。

落腳與重返田野地

本書是關於藏人流亡生命與生存形式的民族誌書寫，主要目的是透過藏人的移動苦難經驗及其中所透露的區域政經環境變化，在文化歷史脈絡中探討離散者的民族心理狀態。資料搜集以田野工作為基礎，發展出多角的田野參與形式，如文本分析、報導人訪談、共同生活的人際網絡互動，以及組織議題參與等。書寫以德蘭薩拉（Dharamsala）和拜拉古比（Bylakuppe）兩大印度流亡藏人屯墾區為核心。德蘭薩拉是位於印度北部喜馬偕爾邦（Himachal Pradesh）喜馬拉雅山區的村莊，為流亡行政中心所在地（官方稱為「藏人行政中央」〔Central Tibetan Administration〕）[4]，乃流亡藏人的政經中心；拜拉古比則是距離印度南部科技重鎮班加羅（Bangalore）約一五〇公里的農業重鎮，為藏傳佛教重要寺院聚集地，乃流亡藏人的宗教中心。選擇此二城鎮為田野地點，除了易達性高的考量外，也因二者具有特殊的空間匯聚形式，發展出歧異的地方情感與族群互動樣貌，再加上它們聚合了全球關於西藏流亡的各種議題——從政經角度來看，此二城鎮具備了高度敏感的議題展演和互動撞擊。

依據西藏流亡行政中心的資料，[5] 藏族於全球的流亡人口約為十三萬人，其中於印度約九萬五千人，其餘則分布在尼泊爾（約一萬三千人）、不丹（約一千兩百人）及其他國家（約一萬九千人）。位於印度的藏人屯墾區共有四十五處，人口主要集中於北部的德蘭薩拉與南部的拜拉古比。德蘭薩拉呈現印度人、藏人及世界旅人混居的城鎮面貌。領有難民證的藏人、持有學生簽證的外國旅人及修行者，於居留期間若要移動須向臨近的印度警察局報備，其餘各國旅行者則可自由進出北部屯墾區。相較於德蘭薩拉的進出開放，拜拉古比則為藏族僧侶、藏族凡俗人及印度人分區比鄰而居的社區生活模式，印度警察具有嚴格監督非僧侶進出僧團寺院區的管控權力，清楚的族群界線為該地的居住特性。南北兩大屯墾區在相異的族群匯集空間形式下，開展了不同的日常生活展演與族群互動形態，因而深具張力地呈現藏族的流亡生命。

民族誌書寫中的「西藏」不僅是描繪族群的詞彙（其意義包含種族與文化內涵下的西藏族群），也包括了地理上的意義（即位於中國境內的大藏區，地理空間的分布涵蓋西藏自治區、青海、甘肅、四川、雲南；有別於中國所稱之西藏，單指政治主權管轄下的行政單位——西藏自治區）。在這個脈絡下，沿用「西藏」具有刻意字詞選用以翻轉其政治性的味道。再者，西藏為田野報導人所慣稱的家鄉名字，藏人將西藏分為衛藏、康巴、安多三大區域，具有歷史文化上的實踐價值；臺灣將 Tibet 新譯為「圖博」，但對藏人而言，「圖博」並不與生活實踐產生關聯，是故民族誌書寫仍以「西藏」作為敘說語言。

人類學家阿薩德（Talal Asad）以「是人們在說話」[6] 一語道出民族誌的文化意義，認為透過書寫者的語言及文字來呈現遙遠異地生活的舉措，實則牽涉文化翻譯，而此「翻譯」並非單單指向語言本身，更指涉鑲嵌在語言中的思維模式。田野工作者在知識生產上向來依循著「客觀的民族誌距離」之路徑。人類學家的身體浸泡在田野地的各種聲音、氣味及景觀中，而離開田野地後的論述形塑仍以書寫為認識策略，使民族誌成為提供理解文化向度的文本。然而，晚近人類學領域不乏學者開始思考田野中他者與自我的關係，並對「客觀的民族誌距離」提出反省，[7]認為當人類學家遭逢「他者」時，理解「他者文化」最後的方法就是參與「他者生活」，使之成為親身經驗。並且在這個親身經驗的基礎上，仍然保持對經驗事物的好奇，而這份好奇感不但朝向他者，也回擊自我。「陌生感」[8]促使人類學家張開所有感官，經驗田野地裡的生活。過去人類學家忽略與田野接觸的經過，如克利福德（James Clifford）指出人類學家從不解釋如何抵達田野地，[9]彷彿在研究室打包完成後便降落在目的地，人類學家與田野地接觸的經過往往被掩蓋起來。然而，透過自身感受與田野地互動出新的經驗，人類學家在田野工作及書寫過程中的自我揭露，成為田野文化材料的反饋，田野工作者不但發現陌生的他者，也同時看見陌生的自己。

自二〇〇五年起，我藉由在非政府組織工作的機會，開始了與印度流亡藏人往後十年的情誼。說情誼不為過，那更甚於執行計畫、撰寫報告、找資源等工作任務。二〇一四年取得學位後，我重返田野地會見老朋友，深知自己心繫著格桑——姐妹跳機西方而獨留印度北部山城的報導人。重回田野地之時，我與格桑一起去爬山、吃披薩，我們聊了這未見面兩年的各自變化、山城轉變、格桑工作單位的文化傳承使命和國際運動連結，並用格桑的微信與遠在瑞士的平措通話，三個人彷彿拿著對講機在收訊品質不佳的印度山城，辛苦地撐開耳朵，細聽那從電子產品播放出來的破碎音節。特別是當藏人對著微信軟體發話給接收者時，說話音感會瞬間轉變，語調變慢、音頻變高，有著一股將語句拆解、慢慢將單字往前推的韻律感，電話擴音器那頭傳來的聲音彷若在唱歌。當我結束敬謝田野之旅，即將離開山城之際，格桑約我吃飯逛街，我們在山城為數不多的藏飾品商店裡穿梭。她拉著我的手，堅持挑一套印有西藏八吉祥圖案的床套組送我，我婉拒收下，因為格桑的經濟狀況並不寬裕，我們就這樣在商家阿爸拉面前推拖，只見阿爸拉捧著床套，嘴角裂到耳朵般地直笑。突然，格桑說：「湘漪，妳收下。這可能是我們這輩子最後一次見面了，妳收下，看到它就會想起我。」當場，我掉下眼淚，淚水裡映照著阿爸拉的笑容，那眼淚蘊藏了許多說不出口的情感，對格桑也對我自己。我明瞭這或許是最後一次的抵達，也或許日後再有機會親臨山城，但可能已無格桑的蹤影。

在過去幾年來的相處中，格桑不只一次緊握著我的手，哀傷地看著我的眼睛說：「好好對妳身邊的人，妳不知道什麼時候就再也看不到他們了。」第一次聽到這句話的當下處境極為艱難：學位茫茫、經濟重擔、家庭解組碎裂，生活只剩下日日求存，那走在鋼索上的每一面關係網絡都讓人窒息，恨不得切斷一切，期待重獲新生卻不可得。於此當口，西藏民族面對的政經壓制所衍生的流亡日日，卻是苦於無從參與那些複雜而又難堪的人我關係，流亡者渴望緊握每一段可以据腳站立其上的鋼索——但對我來說，那是滿載絕望且危險致命的枷鎖。

我無法說出因在西藏苦難面前而放下了生命難題，但這確實成為關乎「我是誰？」的提問與回擊。在與藏人互動的過程裡，我不斷看見自己的脆弱與幽暗，以及居間所映照而生、關於自己成長背景的族群史觀。我對族群身分和認同區辨具備敏感度，始於柬埔寨的跨國互動經驗。身為具有臺灣意識但卻被排除在臺灣之外的芋頭—番薯第二代，那身分的混雜並未帶來成長過程中的社會優勢，反倒在省籍識別中雙雙被區隔開來，而成為「什麼都不是」的一介草民。混雜的族群身分在對土地的認同中搖擺，尤其當奮力踩在土地上高喊「我是臺灣人」時，那嘲諷訕笑的壓力不僅來自於社會大眾，更來自於受父系血緣和單一政治思想薰陶的家族內部體系。這連字號雙重族群身分所面臨的意識夾擊讓自我噤聲，同時被拋擲在雙重認同之外，成了一個沒有認同臉譜的人。

西藏民族流亡的跨國移動，使得藏族有機會重新掂量與他者的關係。如同格桑身為牧區長大的女性文盲，從未懷疑過自己在原生環境裡作為「中國的西藏人」——國家框架裡的少數民族；在家鄉，格桑並不認為以這樣的身分活著有任何不妥。然而，到了印度，格桑對於自身民族生存歷史有了更多理解後，身分認同瞬間轉變並積極投入民族運動，成為一個有能力結合自身經驗來敘說族群理念和運動目標的知識分子。身分認同再認識與重塑的過程，並不會憑空出現。在資訊流動受限且緊縮的西藏家鄉，不容易產生大規模的族群意識變化。印度流亡藏人屯墾區確實成為族群運動的搖籃，不僅收納了一個個帶著苦痛遷移經歷的西藏生命，更發展出形式變化萬千的運動組織，同時集結國際聲援和倡議策略，將外界關注西藏議題的社會力量，積蘊為流亡社群再現民族生存處境的能量。對西藏民族來說，在印度屯墾區，除了能見到達賴喇嘛而撫慰宗教信仰的精神世界，更能重新模塑作為西藏人的身分認識，而這一切轉變都只能發生在移動之後。

移動所造就的身分認同與民族意識的重塑，不單指向族群，也朝向個人，是集體與個體生命存在形式的衝撞與再現。對流亡藏人而言，遷移或歷史苦難藉由敘說或書寫形塑了集體記憶。因移動而產生的族群生命陷落，在流亡者的心中埋下隱隱拉扯、不協調的引子，當殘酷的現實生活臨現眼前而必須求存時，內心便翻覆起較平凡人更為縝密、黏膩、隱晦的念頭，在看似平凡的日常生活中掀起不平凡的生存樣貌。透過民族誌的寫作，我嘗試呈現印度流亡藏人的日常生活面貌。

理解、深究及書寫這個議題，彷彿是種自我拔除，不斷挑戰印刻在自我身上關於生活與生存的價值。西藏民族的流亡移動拋出「我是誰？」的生命課題；同樣地，作為書寫者的我也在構築故事脈絡的過程中，不時停頓思索此一作為

「人」的終生追尋。我往往受藏人生命經歷震撼而需停筆，然而，淚眼朦朧中映照出來的臉龐，卻是一個模糊的自己。我討厭一切企圖挖掘並回返自身的事物，但我們都在這道路上。

「一個人內心最深處的東西恰恰是最外在的社會環境所決定的。」[1]

第一章

負傷的鄰人

隨著冬天逝去，局勢越來越壞，要達賴喇嘛即位之說甚囂塵上。人們擁護我全面掌權的行動開始出現——距離正常程序，我還得等兩年後。據說海報貼滿拉薩市，批評政府，呼籲我即位；還有一些歌也有同樣的訴求效果。

有兩派立場：其一是視我為危機中的領袖；另一些人則認為要負擔這樣的責任，我還太年輕。我同意後者的看法，不幸的是，我沒有共同商量的機會。政府決定將之付諸神諭。這是非常緊張的場合，最後靈媒頂著他那巨大的、儀式用的頭飾，蹣跚搖擺地踱到我座前，獻上一條白絲貢巾（哈達），放在我的膝上，並說「他的時代到了」。[2]

西藏抗暴歷史創傷

一九四〇年代末期，大藏區受到國共內戰的影響。根據林照真的口訪記錄，[3]共產黨執政後數萬軍兵湧進拉薩，使得藏區物價上漲，西藏瀕臨饑荒邊緣。軍隊作風蠻橫，士兵背著機關槍和衝鋒槍直搗民宅，引發藏民不滿。爾後，陸續發生解放軍毀損藏族寺廟、逮捕僧侶和異議分子，以及詆毀藏族文化的衝突事件。西藏首府拉薩因而經常發生示威集結與抗議活動，藏人提出「解放軍撤出西藏」、「西藏的獨立地位不容侵犯」等訴求。從此至一九五〇年代中期，西藏反抗事件頻傳。「中國人來了，中國人來了！」成為西藏民族流亡歷史的發語詞。

第十四世達賴喇嘛出行逃離西藏前，除了政府官方層級的談判協商外，民間對抗中國軍隊的抗暴運動早已展開。一名參與抗爭的藏東[4]藏人在面對出家的親弟弟被解放軍清算、受迫承認與女人通姦時，歷數軍隊的作為：「你們剛來時讓我們運送物資，說是會給錢，結果什麼也沒給；修公路從田野中間穿過，說是給補償，也沒給；修路炸藥爆炸，死了近百人，說是給補償，也沒給；說是信教自由，結果是殺僧毀塔，凡是聽你們的話就有信仰自由，不聽話就說是利用宗教的反動派；你們說的比杜鵑鳥還好聽，做的比餓狼還要凶殘，所以我要造反，不僅造反，還殺了你們四、五十人，又如何？」才剛憤慨說完，旋即被眾人毆打並監禁十五天，「從第十六天開始，我再也不敢充好漢了。」[5]暴力使人噤聲並從而順服。一九五〇年代末期，大藏區僅剩下衛藏和藏西尚屬平靜，其餘地區皆陷入藏民與解放軍的衝突及傷亡不斷的迫害抗爭行動中。

一九五九年三月十日的拉薩事變，主要起因是藏人對北京政府強行接管西藏，並燒殺擄掠迫害藏民及其政體與文化的不滿情緒。該日凌晨，群眾集結於達賴喇嘛住所羅布林卡行宮門口，高呼口號要求達賴喇嘛拒絕中國邀請前往西藏軍區看戲。歷經多次政治協商失敗，西藏內閣（噶廈）對北京政府已失去信任且心存懷疑，認為「邀約看戲」是北京政府無法妥善處理西藏問題，試圖挾持西藏政教合一領袖[6]、逼迫西藏屈服的伎倆。因此，官方與民間皆籲請達賴喇嘛拒絕前行。萬人集結，擔心達賴喇嘛赴約將遭軟禁而圍堵夏宮，不讓達賴喇嘛出宮。群眾甚至憂慮西藏官員偷偷將達賴喇嘛送往中國軍隊駐紮地，而宣布執行羅布林卡行宮只進不出的管控策略，唯恐當時眾多的中國特務威脅達賴喇嘛的人身安全，以各種方法脅迫劫持他出城。群眾衝突中爆發了以石頭攻擊可疑人士的流血事件，抗議的藏民高喊「中國人滾回去」、「驅逐中國人」等口號。憤恨情緒在達賴喇嘛傳達不赴約的決定後稍有歇緩，但卻也加速北京政府西藏軍區瓦解拉薩政體的決心。當日之後，拉薩便陷入槍砲圍堵的緊張氣氛中，各種現象指出中國軍隊正在為重砲轟擊達賴喇嘛宮殿進行測量與整軍。十六日，藏人聽到中國軍營發射兩枚炮彈所引發的巨大聲響；十七日，達賴喇嘛暗夜出行。「他說他並不怕死，但那一刻，他深覺到留下來並不能為自己的人民做些什麼，現在最好是到別的地方去，為西藏人民保持一個不滅的希望。」[7] 在多年後的訪談裡，達賴喇嘛說起流亡的記憶，談到那是這輩子第一次脫下袈裟、換上藏服遮掩逃亡，心中感到無限悲哀。達賴喇嘛秘密離開拉薩後，中國軍隊旋即發動全面武裝進攻，藏民傷亡慘重。三月二十八日，中國發布命令取消西藏地方政府名義，改組設立西藏自治區籌備委員會。中國政治歷史自此豢納西藏民族，開啟了兩族群相異的歷史認識。[8]

流亡開展與難民身分

隨著達賴喇嘛離開西藏、避居印度，五十餘年來，印度成了藏人的寓居之地。藏人在文化身分之外，多了一項權利身分的歸屬類別——難民。一九五一年，聯合國通過「難民地位公約」（Convention relating to the Status of Refugees），宣告「因特定種族、宗教、國籍，或因具有特定政治見解、歸屬特定社會團體而受迫害離開本國之人士，基於恐懼而無法或無意願受其原屬國保護之人士」為難民。聯合國難民署（United Nations High Commission for Refugees）資料顯示：截至二〇一二年，全球難民人數為三千五百八十萬人，與二〇一一年相較，難民人數增加七百六十萬人；女性佔總難民人口數的四八%；亞洲、太平洋地區難民總數約為三百五十萬人，以阿富汗、巴基斯坦和伊朗難民為多，難民安置則集中在馬來西亞、尼泊爾與泰國等地。[9] 弔詭的是，中國並非難民來源國，反而是安頓越南難民的主要接收國；區域內越南難民人數約計三十萬人。聯合國出版的相關報告書中沒有一句關於西藏的訊息，西藏難民的人數與處境顯然隱藏在官方數字之後，著實成為被遮蔽的難民群體。此種官方說法的缺席呈現出重大意義：在中國政權勢力的威壓下，儘管聯合國協助逃離中國的西藏人後續的安置與遷移計畫，[10] 但西藏議題仍舊被視為中國的內政問題而非正式的國際衝突。然而，西藏民族避居尼泊爾和印度是無法抹除的具體事實，甚至藏族屯墾區德蘭薩拉儼然成為流亡藏人的政治與行政首都。此外，遠走西方國家的藏人依循各國難民法所公告的資格和流程申請難民庇護，進而取得在西方國家的居留身分，成為國際認定、具備合法國籍的某國公民。

西藏議題被遮蔽起來的現象存在著許多政治層面的矛盾。假若國際社會不承認流亡藏人為難民，何以印度或西方國家提供合法收留或庇護的管道？在人道思維下排除政治因素，提供受難者相關協助乃泱泱大國風範，又何須隱匿藏族流亡的事實？藏人難民身分的遮蔽所帶來的不僅是政治層次上的遭受忽視，更是流亡者生命層次上不被認可的傷害。藏人承受了疊加的雙重創傷：在母國的生存遭到箝制而選擇遠走他鄉，離鄉後又受到族外他人的漠然對待，身分認可擺盪在自我與他人不斷協商的處境中。這兩層創傷標誌著外在及內在的缺乏。如果生存最初和最終所要回答的問題為「我是誰？」，那麼西藏民族面臨的內外在疊加創傷，正是揭露其生存狀態與自由意志的隱形利刃——在被遮蔽的雙重創傷中窮究藏人成為難民的生命歷程。

藏民庇護背後的中印角力

西藏與中國近代政體國民黨、共產黨的戰鬥歷史，終結於以驍勇善戰聞名的康巴人為多之「四水六嶺護教志願軍」（報導人亦稱四水六崗）退居印度。武裝抗暴游擊隊因局勢不利、槍炮補給短缺及內部紛爭而宣告瓦解，西藏民族正式走入無軍權形式之海外臨時政府的流亡狀態。打游擊戰的日子主要是獲得美國政府反共立場下的武器支援及軍事訓練。一九六〇年代初期，美印關係不若美國與巴基斯坦那樣緊密。因此，當秘密於尼泊爾境內、臨近西藏邊界設立訓練基地的消息走漏後，為避免引發美國社會反對聲浪及觸怒印度和中國當局，這項美國暗中支持西藏民兵以箝制中國勢力的軍事援助行動便嘎然而止。另一方面，當美俄政治勢力相互較勁時，美國為抑制俄國勢力試圖拉攏中國，而夾在中印之間的尼泊爾則因主權遭受損害且不願得罪狼虎般的鄰國，於是逮捕西藏游擊隊成員並強制繳械加以驅離。此外，落腳於印度的西藏政教領袖達賴喇嘛也呼籲游擊隊繳交槍枝，以避免衝突擴大而波及流亡暫居在尼泊爾的藏人。前後歷時近十年的西藏游擊隊便在國際政爭中劃下句點。

流亡藏人受到當時印度總理尼赫魯（Jawaharlal Nehru）的接納與庇護。研究資料顯示，[11]基於英國殖民印度（一八五八至一九四七年）的歷史條件，自十八世紀始，英國在亞洲的外交與經貿交流便以印度為中心向四周延展。西藏是英國向中亞表示友好的磐石國之一，在經濟上當然作為擴展殖民市場的一環，但在政治上則為與中國建立關係的中介國。在清廷與英國關係惡化時，英國藉由親近西藏來防堵清廷勢力。當清廷軍隊進逼西藏致使西藏國土遭受威脅，第十三世達賴喇嘛暫時退至印度尋求出路。在英屬印度時期，西藏與尼泊爾、印度邊界的議題，便在經商交易互動外成為敏感且一觸即發的主權之爭。直至今日，中國、印度及西藏的邊界難題仍舊延續緊張衝突。英國探險家為英屬印度和西藏劃定的邊界線「麥克馬洪線」（McMahon Line），與中國認定具政治管轄權的藏印邊界重疊。目前這塊約七萬平方公里的領土爭議土地歸印度統治，隸屬於阿魯納恰爾邦（Arunachal Pradesh），但中印雙方皆重兵駐守，對外宣稱擁有國土主權。此外，印度東北邊緊鄰不丹和中國的邊境城市達旺（Tawang），[12]在中印邊界爭議與領土交換談判中，成為雙方國土重整的籌碼城市。中國欲以臨近克什米爾與新疆邊界、目前歸屬中國的爭議土地阿可賽欽（Aksai Chin），與印度進行國土交換，即阿可賽欽未決之範圍歸與印度，而達旺政治主權歸為中國。

儘管領土爭議談判仍未明朗，卻可見中印關係的衝突性。二〇一三年四月，中國軍隊越過邊界，進入具爭議但由印度實際控管的領土，印度政府便召見中國大使，針對駐軍越界邊防一事提出異議，要求撤軍。一個印度管轄的邊陲省分，在國家疆界與利益的政治協議中躍上中央權力談判桌，成為高度敏感的政治議題。而西藏的處境便落在這樣詭譎的關係之中：西藏邊界、西藏主權、西藏難民等議題均牽涉到中國與印度，兩國可將西藏放在處理邊界問題的核心位置，成為各自談判桌上的羔羊，也可將西藏棄置於中印衝突的最末端，對西藏問題視若無物。無論中印兩國如何掂量西藏，西藏都處在極具悲劇性的政治地位上；成為「核心」的前提是先被確認為「邊緣」，而決定是否將之納入核心議題的權力則屬於擠壓其生存空間的左右兩方。這般無法掌握自身命運的政治處境，彷彿在承認政治上邊緣的同時，於意識上再次邊緣化自身，一如難民身分所呈現出來的雙重創傷——原居地無法安身，移居地亦未予承認。在國際高度政治利益角力的脈絡下，「西藏」和「難民」在國家與個人層次上皆透露出雙重的悲涼。

經濟觀點下的政治庇護

達賴喇嘛接受印度的庇護，最初尼赫魯政府播挪臨近西藏與錫金的北方山區土地，供流亡藏人暫居。此舉有以下考量：一、該區氣候較為涼爽，適合長年生活在高原的藏人；二、地緣上臨近西藏家鄉，藏人心理上可得安慰；三、一九六〇年代該區多未開發，高山森林密布，在土地利用上較為彈性，可於短時間內完成上萬名藏人的安置。早年跟隨達賴喇嘛逃亡印度的藏人，初期主要工作是在北方山區開闢森林、修築道路，當時重要任務為安頓藏民，建立適合人居的生活環境。隨著時間推進及難民人數增加，既有腹地無法消化流離族群的生存之需，而印度政府也願意釋出居留土地，才慢慢拓增藏人屯墾區據點。目前印度共有四十五個藏人屯墾區，而流亡人口約為九萬五千人，此人數是以藏人行政中心公告為基準，但該總數一直有爭議。難民人口統計主要有兩方面難題：第一，流亡人口移動過於頻繁，不易掌握未向印度政府及藏人行政中心報到的「黑戶」。[13]儘管藏人行政中心每年透過屯墾區難民所繳交的微薄象徵性稅款來進行人口調查，但總體數字仍不易精確。第二，流亡人口數字會造成中國與印度的關係緊張，且反向作為印度或中國箝制流亡藏人各式生存活動的依據。因此，在區域政經壓力下，藏人流亡人口數一向都不甚明朗且有保守略估的傾向。

除了人口數字外，具有區域發展落差的經濟產值也是流亡藏人在印度生存所面臨的現實處境。國際貨幣基金和世界銀行資料顯示，[14]二〇一二年，中國國民生產毛額共計約八兆，人口約十三億，人均指數約五千美元；印度國民生產毛額總計近兩兆，人口約十二億，人均指數約一千五百美元。相較於二〇〇〇年，兩國人均指數各約四百五十美元及八百美元，近十年來中印成了當代經濟快速成長的地區，南亞區域經濟整合已然將兩國的能源、電子科技以及製造、服務產業推向國際。然而，在總體經濟可觀的財富增長數字表象下，兩國境內的貧富差距懸殊。以印度為例，世界銀行調查報告指出，印度每日生活不足一美元的人口高達三億九千萬人，即四分之一人口生活在極端貧窮線以下。階層式財富累積反映在人口所得條件，也表現在境內的區域發展上。印度的農業產值佔全國國民生產總值的五分之二，但以農為首的邦州土地佔有率卻達三分之二，[15] 足以說明印度多數邦州經濟產值相對弱勢，經濟起飛集中在土地佔有率較小的特定都會地區。

印度的經濟發展與財富累積呈現區域差異，而西藏流亡社群所在的地理位置皆屬於邊陲地區。隨著西藏難民人數逐漸增加，印度政府安置計畫第一階段釋出的土地已不敷使用，於是達賴喇嘛再次與印度政府協商，希冀官方挪出空間安頓日益增多的流亡藏民。當時（一九六〇年代），印度中央向各邦詢問土地開放的可能性，其用語為請求各邦提供「未開發土地」安置西藏難民，結果獲得偏遠各邦熱情回應，相繼提供無人居住或人煙稀少且未經開墾的地區給西藏難民使用。以藏人行政中心所在地德蘭薩拉為例，該行政中心建置於印度北方的喜馬偕爾邦，該邦人口約六百八十萬人，在印度二十八個邦中，人口總數居第二十位。該邦經濟主要仰賴森林資源、水力發電及農業，全邦土地近七〇％屬森林用地，近七成人口以農為生。二〇一一年印度普查報告顯示，近幾年印度經濟成長，國民可運用的資金增多，轉而投入休閒活動，加上宗教旅遊興盛，因而帶動喜馬偕爾邦的觀光產業。從流亡藏人的記錄可知，[16] 早期屯墾區皆為森林、荒原等不毛之地，為了開發屯墾區，也為了完成達賴喇嘛「集中安置」的難民照顧政策，在經濟條件窘迫的情況下，只能尋求印度及國際援助。於是，由印度政府出資、藏人出工的喜馬拉雅高海拔地區築路工程從此展開，持續長達十餘年。今日，印度喜馬拉雅山區的國防道路、高山公路等皆為此開墾階段的流亡藏人鑿建而成。

印度南部城市邁索（Mysore）以西的第一個流亡藏人屯墾區，在一九六〇年代原為無人居住的叢林。文獻對於這塊靠近印度洋的熱帶地區如此描述：「一九六〇年十二月，第一批西藏難民六百六十六人來到這塊有無數大象、老虎、野豬以及其他危險動物的原始的、熱帶的森林，流亡藏人在這片森林中前後開墾了兩年，期間都是由印度政府以支付工資的形式提供了最低生活費用。」四十年後，美國之音記者到當地採訪，對屯墾區的報導則為：「汽車奔馳在印度南方遼闊的平原上，一排排白牆紅頂的瓦房，在遠處的椰林中時隱時現。房子周圍和屋頂上懸掛的經幡告訴我們，這就是流亡藏人社區了。」[17] 尼赫魯政府在給予西藏難民庇護的同時，也獲得許多反饋。在國家發展上，人口移入使得地方政府的勞動力增加，有助於邊陲區域的開發；在國防層次上，修築高山公路得以強化駐兵防守邊界；在經濟意義上，開發原始森林使其轉作他用，無論是建立山區城市、發展農業或近年的觀光業，以及今日喜馬偕爾邦最重要的政府財源——水力發電，都和流亡藏人的開墾有直接或間接的關係。

西藏流亡的歷史定位

「西藏臨時政府」一直是個沾粘在中國、印度及西藏三者身上的芒刺，也是流亡藏人內部關於「獨立」或「自治」相異政治運動路線的內在衝突。達賴喇嘛流亡之初，尋求印度政府庇護，建立屯墾區安置西藏難民，廢除貴族政治，選賢任能建立行政架構，設立各層級組織與公務系統協助處理內政與外交事務。晚近更推動民主機制，將政教合一的決策結構轉為政治事務交由人民推舉的司政負責，正式走向政教分離的權力結構，人民有權決定自己未來的民主代議政治。然而，自尼赫魯時代開始，印度在公開場合即不承認「西藏臨時政府」的設立與存在，僅以「達賴喇嘛秘書處」稱之，國際社會對西藏主權問題也多持保留態度。雖然國際輿論對於西藏主權的態度曖昧，但藏人流亡社群內部卻顯得明確而堅定。相關資料及文獻顯示，達賴喇嘛初抵印度時便對國際媒體公開宣稱，不承認一九五一年在軍事脅迫下與中國簽訂的《十七條協議》（該文件載明西藏主權歸屬中國）。[18] 一九五九年，達賴喇嘛更對重新改組的行政官員講話，確立「西藏流亡政府」的價值是為了西藏人民自由而存在。直至二〇〇二年，達賴喇嘛在西藏人民議會第十三屆第四次會議上，仍然公開聲明「西藏流亡政府」具有爭取民族自由的重責大任。[19] 因此，「西藏流亡政府」的概念一直存在於流亡社群的權力結構中，受到行政系統與流亡人士的支持，即使在此意識形態大傘之下，各方或有不同的解讀與認知。然而，從二〇〇二年開始，這個意識形態似乎慢慢產生變化。

達賴喇嘛所領導的「西藏流亡政府」自二〇〇二年開始與中國展開協商，互派代表針對中藏問題進行對話。二〇〇八年，中藏之間的談判聯繫緩慢了下來。該年中國主辦奧運國際賽事，經濟快速起飛使得國際資金與人才流入中國市場，中國欲藉由經濟實力宣告其國際地位，擺脫長久以來的衰敗落後形象，而在政治上也更強悍地處理境內少數民族議題，甚至更積極地針對懸而未決的族群問題採取行動，包括西藏與新疆問題。然而，中國境內少數民族同樣在這個立足點上，希望借助國際關注的時機推動族群宣說運動。中國境內外藏人為追求自由發生了上百起自焚事件，中國以「受達賴集團唆使」的說法來回應；中國四川理塘賽馬節上，藏人吶喊「支持達賴喇嘛返回西藏」被捕入獄，在獄中遭到虐待；西藏流亡社群抗議北京舉辦二〇〇八年奧運，在世界各個流亡城市舉行示威遊行與紀念活動，甚至集結在流亡國家的中國大使館前絕食靜坐；無數藏人與僧侶不明原因突然人間蒸發，只能透過網路或國外媒體協尋並控訴中國的迫害。二〇一三年十月六日，西藏那曲比如縣爆發中共當局進入西藏地區推行「愛國教育」，強制要求藏人在居所屋頂豎立五星紅旗而引發當地藏民抗議，致使軍警開槍及施放催淚彈鎮壓，多人遭到逮捕。一連串中國與西藏的衝突使得官方對話停頓。儘管二〇一二年雙方重啓對談，但近年來關於中藏議題認知的歧異，讓兩方協談承載著民意與壓力的處境更顯艱辛。

在與中國磋商的進程中，達賴喇嘛為尋求西藏人民的最大福祉，改變了「西藏獨立」的說法，轉為追求「完全自治」的訴求，即物質上依賴中國、精神上保有獨特性。這在西藏流亡社群內部形成不小的反對聲浪，反對者認為達賴喇嘛放棄西藏主權獨立的立場，轉向中國靠攏，背離了西藏千百年來作為獨立國家的歷史事實，以及流亡期間所遭遇的艱難痛苦。獨立運動激進組織「西藏青年會」成員拿旺說：「中國現在內部對西藏問題有不同的意見，西藏也是。（達賴喇嘛）中間路線已經分一半利益給中國了，中國還不願意接受。但是，即使西藏能走中間路線完全自治，西藏獨立運動仍要繼續。」報導人一邊說話，一邊起身將訪談時敞開的房門關上。身為僧侶的拿旺抱持在宗教教義上不忤逆上師和族群領袖的信念，語帶委婉地與我討論西藏獨立問題。他不全然否定達賴喇嘛提出的自治說，但也不同意放棄主權之爭。

二〇一二年於印度生活期間，我參加了達賴喇嘛為中國信眾舉辦的閉門說法，[20] 法典詮釋課程與灌頂儀式結束後，進行約一個小時的問答時間。達賴喇嘛坐在授課講臺的沙發座椅上，回答中國信眾的提問。某種程度上，此舉除了拉近與信徒間的距離，也含有鼓勵及憐惜中國佛教徒的意味，同時借此機會與中國佛教徒建立信仰和政治層面的信任關係。[21] 除了佛學問題外，現場也有人提出中藏關係的討論。達賴喇嘛針對西藏流亡現況與中藏關係未來發展如此回應：「我重申藏族地區的完全自治，物質上依賴中華人民共和國，精神上則完全依循藏族文化。『流亡政府』或『總理』的說法從未出現在德蘭薩拉的正式文件中，是中共統戰部加強的字眼。」這說明了達賴喇嘛所推動的自治策略，採取淡化政治主權的立場，轉為強調文化主體。現今達賴喇嘛退出政治權力核心，由人民選舉產生的行政系統也不以「西藏臨時政府」自稱，官方改稱為「藏人行政中央」。

流亡社群內部對於此轉變褒貶不一，反對者對於中間路線也有不同的爭辯，最大分歧點主要來自兩種聲音：西藏的主權獨立地位，以及完全自治的區域之爭。前者主要為獨立運動者的訴求，認為西藏獨立不但具有歷史依據，也是解決族群生存的最終法則；而後者則是站在支持完全自治策略的基礎上，定義自治區的範圍應涵蓋具有種族及文化內涵的大藏區（衛藏、康巴、安多），地理空間分布則包含西藏自治區、青海、甘肅、四川、雲南，而非僅單指中國政治主權管轄下的行政單位——西藏自治區。達賴喇嘛尋求人民最大福祉的完全自治中間路線，事實上在群體中引爆了三種差異之爭：獨立、大藏區完全自治，以及西藏自治區完全自治。

對流亡藏人而言，這是爭取族群身分過程中極度的心理糾結。達賴喇嘛具有領導族群的歷史意義，尤其在藏傳佛教幾乎為國教的生活價值下，達賴喇嘛擁有不可磨滅的實質和象徵地位。然而，在族群運動訴求上，又不可避免會反對精神領袖。這不只是反抗具有權力的「國王」（比擬舊時代的語言）的政治抗爭，更是宗教實踐道路上的精神反叛，後者對流亡存在形式所帶來的衝擊力道更甚於前者。當我的姐妹報導人為了與我聚會而無法答應藏族朋友的邀約時，受到友人的責難：「妳不要太常跟臺灣人走在一起，她是不是間諜妳都不知道。」該報導人乃自小生長於中國、初抵印度時只會說華語的年輕人，她為了捍衛與我的友誼而與藏族友人爭執辯駁，最後說出這些話終結爭吵：「你不要都反對臺灣人、中國人，反對說漢話，你反對我跟臺灣人來往，說話那麼大聲、罵得那麼難聽，汙辱我的朋友。那德蘭薩拉那麼多人反對達賴喇嘛，為什麼你不敢大聲說出來？」一語道破了西藏族群運動的內在矛盾。

宗教精神支撐生存信念

克里斯塔勒（Walter Christaller）說：「固定不動的狀態只是虛構，移動才是真實。」[22] 他延續伯格森（Henri Bergson）將時間空間化的概念，說明身體感知的片刻，實則為一個可切割且具象靜止的片斷，然而，這看似停滯的某個畫面或感受，事實上仍舊是起伏變動的。這足以提醒我們，移動不僅僅表現在身體的空間位移，更是精神上的空間挪動，在此挪移之中產生生命的創造性。若從藏傳佛教的觀點切入討論移動與固著的關係，佛學指出「無常、無我才是真實」正貼切理解萬物無定著，無論是物質的或意識的指認皆不真實存在。人無法指出固定恆常的物或事態，而人的痛苦正來自於想要緊抓住執念的永恆卻終不可得，於是，變動才是事物存在的真相。

藏傳佛教信仰觀中的無常與變動，或許是支撐西藏民族流亡的精神依靠。比起流亡歷史的政治意義，藏人被迫離鄉的移動更像是種創造生命意義的旅行，一種帶著伯格森哲學觀的運動過程——恆定追求的不再是事物的不變，而是轉為追尋自我或族群的存在價值。這趟關於政治國界、身分邊界、存有疆界的旅程，不僅直接回過頭來挑戰既存的國／家界線，同時也深刻影響著藏人作為難民的精神世界。居中當然無法脫離關於族群運動和身分認同的角力，以及「人」在這複雜的世界變動中求存的動力和掙扎，但正是這些脫離不了現實處境的糾結所激發的精神生產（或說生命意義），造就出更自由的人。

流亡藏人生長在以佛教為底蘊的價值信仰中，對於佛學的認識或許不若鑽研佛典的修行者，但從小在宗教生活中耳濡目染，自有一套面對流亡歲月的生活哲學——以佛法教義概念與宗教物質形式所建構出的精神世界。報導人泱宗對我說：「我可能沒有學習佛法，講不出太多佛典說法，但我相信達賴喇嘛，我相信尊者教導我的一切。達賴喇嘛說西藏人會回西藏，我相信我們總有一天回得了家。」這是我第一次對於「相信」這個信念感到震撼。泱宗所面臨的生存困境是如此巨大：獨自一人在印度流亡藏人屯墾區生活；有一搭沒一搭不知道明天是否還有打工賺取微薄生活費的機會；想跳機西方卻苦無盤纏和仲介費用；由於政治因素，一時半刻還回不去西藏家鄉，以至於每日的狀態便是在屯墾區裡閒晃。這些難堪的生活處境在在折磨個人的心智和性靈，我常在想如果換成是我，早已灰心喪志鎮日殘喘哀嘆。然而，藏人內心有一股安穩的力量，能撐起這些無以名狀的難堪。無論在家園外的日子過得如何起伏顛簸、族群內部對於以何種形式與身分返鄉多麼意見紛雜、外部環境對自身處境怎樣定位評斷，流亡藏人心裡始終相信這條成為難民、使個體狀態動盪的移動道路並非不歸路。信仰中純粹的「相信」支撐著藏人的流亡歲月，成為個人可依賴的集體精神力量，同時每個人都深知自己不會被拋擲在集體之外。

移動造就日常變化

流亡藏人遷移至印度，生活變化伴隨著空間改變，原有的草原生活瞬間落入都市邏輯的互動模式。無論是離開家鄉前在拉薩城市定居，或遠離家鄉後在印度邊陲鄉村日日尋找工作機會，皆帶來巨大的生存形式轉變與衝擊。報導人崇嘉抵達印度前在四川理塘生活，遊牧生活構築了他豐滿的草原經驗和家鄉記憶：「我們有十隻母犛牛和很多羊，每天擠牛奶，撿犛牛屎作為生火燃料。我和那一區有將近百戶人家，我們輪工，今天去你家作農，明天到我家作農。我和朋友在草原玩，夏天草原上很多花，我們做花環，就像是用花做的珠寶。跟人一起去找冬蟲夏草，我年紀小，沒什麼責任，只是去玩。如果我們找到冬蟲夏草，大人會給我們糖吃。一群人到山上找，工作一段時間，然後會有很大的慶祝會。」然而，在印度卻不是草原記憶可支撐的生活，一切交換以貨幣為基礎。「這裡什麼都要錢，以前我們用牛奶換各式各樣的東西，食物、衣服、鍋子，這裡不能換，一定要買。在印度沒有錢，日子真的很難過。」

另一個例子是從小在拉薩長大的報導人吉美，從前過著有夜生活的繁華歲月，來到印度後卻連工作都沒著落。「印度的條件差了一點。在家鄉可以吃到乾肉、牛肉，這裡（印度）有錢想買也買不到。在拉薩，有餃子、包子、饅頭；在印度只有 Dal（印度小扁豆，通常混合大豆及綜合香料熬煮拌飯吃），我不喜歡，那吃了肚子會變大。以前我都打扮得漂漂亮亮去玩，Pub、舞廳，找朋友啊，但是在這裡什麼也沒有，連工作都沒有。這裡（印度）真的是鄉下。」一面拿著面膜問我成分與用法，一面抱怨德蘭薩拉比不上拉薩的吉美說。有一回，我與吉美相約吃飯，她挑選了一間藏人喜歡聚集的餐館，理由是餐廳的沙發很舒服。這個提供藏式餐飲的地方，牆上掛著巨大液晶螢幕，終日播放中國中央電視臺西藏新聞或搖滾樂，桌椅則是用餐時必須欠身弓背、窩住胃的沙發和等高茶几，整體氣氛搭配黑白紅色調顯得十分現代。我坐在沙發上喝咖啡，不經意瞧見窗外街道上漫遊的牛，就那麼一剎那，不知道自己究竟身處何方。吉美點的菜上桌，Dinmo（類似花捲）配上炒羊肉，肉質有點硬，得用點力氣咀嚼。吃到一半，吉美問我：「這是什麼肉，妳知道嗎？」我回答：「吃起來像牛肉，一點也不像羊肉，妳不是點羊肉嗎？」吉美笑了出來：「這是牛肉，但是不能講。」由於印度教的影響，牛隻被視為神聖的象徵，飯館或食堂不能明著販賣牛肉。然而，牛肉便宜且藏人社群需要，供需雙方往往在夜晚偷渡運輸做買賣。菜單上見不著牛肉，全都是羊肉，但有門道的商家卻能將牛肉端上桌，主客彼此心照不宣。

這兩例藏族遷移經驗裡的日常生活形式轉變，帶出許多例行軌道上的分岔片段：以物易物經濟交換轉為資本主義貨幣邏輯；依草原生態繁衍的四季作息改為終年打工受薪的勞動生活；飲食慣性遭受阻撓而須採取隱晦的解決辦法，來滿足舌尖上的鄉愁；在現代化空間裡瞥見空間外前現代風景的超現實感；具西藏意識的青年坐在沙發上喝茶大談獨立運動，眼睛卻盯著牆上播放的中央電視臺新聞。這一切鎮日在藏人屯墾區裡上演，不斷在錯愕與驚奇中試圖喚回既存的慣性生活。藏人以差錯的方式來挽回記憶中的慣性，巧妙地發展出在異鄉求生存的技術，並且吐露了流亡的存有。日常狀態在慣性之中以懶洋洋、木木然的情緒現身，成了揭露存在的途徑。生存無法抹除日常，日常卻能遮蔽生存。藏人流亡歲月中的日常生活與慣性差錯，成為主體存有綻放的曼妙空間。

無家可歸與生存異化

藏人流亡的移動歷程，在政經結構、離散情感的基礎上，疊加了存有狀態，三者交會出西藏難民無家可歸的日常生活。倘若人的日常生活受到國家、官僚制度及消費邏輯的全面壓制，造成人與其自身分離的異化局面，便揭示出個體生存處境遭遇政治、經濟，甚至社會、文化的擠壓而無法成為總體人。消除異化最直接的途徑是革命，即經由對異化來源的反抗行動來實踐人的自由。流亡藏人作為總體自由人的存有形式，決定離開西藏家鄉，忍受身體磨難翻山越嶺到達印度，在追隨精神領袖達賴喇嘛的同時，個體與族群整體也在追尋內在的自我。這個自由來自於對異化的反抗，「逃」成為西藏民族企圖朝向自由人的生存反抗形式——逃離一個地域、一條疆界、一種身分、一類認同，而終至成為自由人。

流亡藏人的異化主要源自三個層面。第一，中國政權在政治與文化上的強制管控。國家透過官僚系統與軍事戰略，以行政手段排除西藏政教合一的管理制度，全面推行漢化教育廢除藏語學校、設立樣板化的寺院並限制僧侶人數、終止宗教節日紀念儀式、斷除藏族語言學習機制、迫使藏民放棄遊牧經濟生產模式、建立現代化城市藍圖強迫牧民遷居都市。這些面向的介入不僅試圖抹平西藏民族的異質性，以完成國家機器宏遠的同質化目標，更透過意識形態的滲透達到統治目的。對西藏民族而言，中國國家管理政策帶來的是殖民下的物質剝奪與精神哀傷，藏人被迫放棄在高原環境中生成的社會生活形式及族群意識形態。為了滿足中國政權追求的同質性，西藏民族受迫中斷了重複繁瑣的日常，此日常生活的斷裂是藏人異化的開端，乃殖民所造成的生活異化。

第二，當藏人的生活無法再循著日常軌道前進時，出亡便成為革命的實踐行動。藏人帶著後殖民的哀傷情緒遷移印度，在異鄉建立另一個日日重複的生活。印度在政治上脫離英國統治，也處於後殖民的發展狀態。然而，二者的後殖民情緒不盡相同。印度的後殖民情緒帶著主權獨立的歡愉，儘管偶有緬懷大英帝國、甚或意識思想複製殖民國的遺緒，並且獨自面對崎嶇的發展大業，但總體而言，印度的後殖民情懷在族群運動道路上具有鬆開壓抑、朝向創造的精神性。流亡藏人則不然，其後殖民處境無法在社會環境中取得訴說的合法性，故而轉變成自我意識的對抗：一方面延續著反抗中國的殖民統治，另一方面則糾結於異鄉新生活的族群認同。流亡社群內部角力與思想紛爭不斷，形成流亡藏人的第二次異化，即構築在既歡慶又失落的情感上的異化。流亡者在異地生活空間限縮、生活慣性轉變、行動不自由、政治權力象徵附屬於印度，導致流亡者的物質生產也以依附形式出現。這種在異鄉的依附感仍具有精神創造的能力，或許該生成力量更顯強壯和積極，形塑了族群豐厚的生命力。然而，這樣的創造力或生命力卻帶著隱隱哀愁，成為去異化行動的精神哀傷，一如流亡藏人難民身分所帶來的雙重創傷（在原居地無法安身而逃離，在移居地不受肯認而孤獨），那是身體與精神的雙重無家可歸。

第三，流亡藏人自高原社會生活形式鑽入資本主義生存邏輯——貨幣極大化的交換價值。如果用馬克思（Karl Marx）觀點下的土地、資本及勞動，來比擬印度流亡藏人屯墾區的經濟生產，[23]那麼印度社群就像是擁有土地的資本家，而打零工的流亡藏人則是受僱於印度資本家的勞動階級，藏人的勞動價值以低廉的貨幣計算，所得工資再用以支付房租及購買生活所需。藏人的勞動與其產品徹底分離，一改遊牧社會勞動與產品緊密聯繫的生產模式。藏人在印度屯墾區的勞動遭受異化，而整體環境亦不允許藏人擁有土地、取得經濟主權，再加上新技術和消費社會的發展，讓流亡者的經濟生產活動更形邊緣化。無可抵擋的資本主義環境壓力，滲透到流亡藏人在印度重建的日常生活，使得流亡者無從閃避。中國政權的殖民統治、印度屯墾區的後殖民哀傷，以及資本主義的環境襲擊，這三重異化搓揉著流亡藏人的社會生產與精神反抗，塑造西藏民族獨有的日常生活，並企圖在異化的日常生活中照見存有。

「他人在他的煩中把自身看透，並使他自己為煩而自由。」[1]

第二章

捷徑

夜宿梅朵家前，我正在大昭寺繞塔。那段時間在山上過得並不是太好，有許多原因，諸如訪談行程過於滿檔而疲憊、身體不適而虛弱遲緩、教授中文說話用力而氣力耗盡、訪談內容常帶來比說話本身更厚重的寓意、與家鄉思念對象的冷戰及分離等，種種皆使得心緒沈甸甸的。想不出讓自己開心一點的理由，於是試著透過運動緩解沈悶的狀態，每天繞大塔爬山，看看規律的身體運動能否消耗一點時間，釋放些許心中的陰霾。

默會的轉山儀式

大塔以佛陀正殿及達賴喇嘛寢宮為圓心，在山丘上自圓心向下放射一圈的回轉山路，起終點為大昭寺的正門。繞行一圈所需時間快則半個小時，慢則端視途中遇見了誰、開啓什麼樣的話題，或者當日望下山腳平原城市的風景是否夠迷人，足以挑起某些心裡的思緒。繞山途中總會遇見持咒唸佛的藏人、包裹黃布巾的印度瑜珈士、老弱身殘的乞丐，以及在山坡地上吃草的牛、突然從樹叢間躍下的猴子。這並非一條以樹木與泥土為要角的山區步道，刻板印象裡該有的元素在大塔山徑反倒成為次要，取而代之的是沿途色彩鮮豔的嘛呢石與風馬旗，還有傍山而立的僻靜修院、轉經輪、佛塔、紀念碑，以及西藏或印度神祇的小泥塑臺座。快接近達賴喇嘛行宮後部圍牆前的急上坡，會遇到一間印度人經營的別墅型旅館，以及路邊以木條和帆布簡易搭建的茶舖——轉經咖啡館。

繞大塔除了是陽光美好時的散步運動，更是時間充裕下的禮佛儀式，有別於大昭寺佛陀正殿內的小圈繞佛崇敬。繞大塔儀式以順時針方向運行，藏傳佛教中「右轉生起慈悲心」，依據的是《右繞佛塔功德經》裡教授普羅眾生正確的發願、攝心、問應，甚而行走與持咒的速度和時間。然而，這個儀式性運作常軌在日常生活中偶有難題。山城裡的農作慣習是在春夏之交燒墾耕地，由於風勢與地勢的詭譎，或者周邊防護措施處置不周，火苗會不受控制地亂竄，造成大小不一的火災。繞山路徑環繞達賴喇嘛行宮，每當火災發生時，除了印度行政系統裡的消防後備人員漸次抵達外，大昭寺的僧侶也會扛起寺院裡的滅火器，自大昭寺正門出發，依順時針方向以跑百米速度衝向火災現場，確保火勢不會危及達賴喇嘛行宮。但問題來了，火災現場位於大塔山徑的路底，臨近達賴喇嘛行宮後院側門口，自大昭寺逆時針方向前往，只需要百米跑五分鐘，且是平緩水泥路加一小段下坡路。以救災時效來說，逆時針的救火方向才是理性的救援路線。然而，那在教義上是錯誤且不敬的行進路線，凡俗人不這麼做，僧侶更不會這樣打算。於是，一票僧眾褪下長裙狀的紅色僧袍，換上短褲和運動鞋，扛著五公斤重的滅火器，在接近兩千公尺的山徑上順時針百米賽跑，繞大塔一圈方抵達火災現場。繞塔山路蜿蜒曲折，坡度上上下下，尤其山徑底端的急上坡是最嚴峻的體力考驗。路途中我看到熟識的僧侶以從未見過的著裝方式，氣喘吁吁地狂奔，心裡疑惑但沒機會詢問。直到我緩步走至山徑出口前，才在好漢坡上頻頻與停下腳步喘氣、調整呼吸的僧眾打照面。我睜大眼睛疑惑地看著僧人朋友，對方手指肩上滅火器，再指向順時針的前方，嘴巴只顧著喘息換氣，沒有辦法講話，深呼吸幾口氣後又繼續小跑步上坡。待我抵達距離好漢坡約莫一百公尺的事故現場時，山谷下方白煙瀰漫，消防車已停妥準備，眾人吆喝拖出給水軟管，水車供水五分鐘後便倉皇見底了，只見僧眾扛著滅火器衝向谷地，試圖抑制火勢蔓延。僧人朋友從山谷的樹叢中冒出頭來，滿頭大汗地站在我旁邊，我指著繞塔山徑的出口方向說：「從這裡來不是比較快嗎？」「不行！我們一定要從這邊跑。」僧侶轉身指著方才狂奔而來的那個逆時針方向。

順逆時針的問題常在我提步繞塔時，跳出來騷動行進中的意念。猶記得我初抵位在中印邊界、建於十一世紀的古城阿齊（Alchi），曾在巷弄裡被藏族老媽媽抓住手、拍打肩膀，她嘴裡急切吐出帶有濃厚地方口音的藏語，在我還摸不透古城方位且試圖爭辯解釋時，便被人推著往回走，原因就是這個順時針方向。明明我要去的地方就在眼前十步之遙，但我仍須依順時針方向繞行一圈。理性價值中的不合理，卻在宗教意義上獲得確認，並經由身體實踐不斷重複操作。「重複」作為宗教的表現形式，是一種看似無意識的默會知識，實踐者往往說不出究竟緣由。我心裡這麼盤算，除了佛典中載明順逆時針繞塔所帶來的功德與危險外，還存在一個實際的理性邏輯：轉經輪中包卷著紙本經文，藏經文書寫是由左向右，當長條形經文纏繞在圓形轉經輪筒內，轉經者必須順時針方向推動滾筒，滾筒每轉一圈即象徵唱誦經文一遍，由左而右地唱誦，方能成就日日唸誦經文萬遍的功德。這是我的臆測，不過也有可能只因為這是個以右撇子為主流的世界罷了。

崇敬神聖的身體苦行

行至繞大塔終點，轉進大昭寺禮佛。到正殿禮佛已是每日行程之一，或早或晚都是順時針方向。正殿前方的小廣場終日可見行大禮拜的佛教徒。水泥地上先擺放比單人床還窄小的木板，再鋪上棉絮墊子，使得蹲下並平趴在板子上的胸腹腔獲得保護。眉、鼻、心三禮後雙手服貼著軟毛巾，身體平趴向佛陀方位敬拜，拱手繞過頭顱、放下、起身，再一次重複三敬禮、蹲下、平趴、起身。我沒有每天做大禮拜，但對許多佛教徒而言，這是一種心的承諾，一千次、一萬次的崇拜諾言。初抵山城的某個下午，我擺妥木板，拖出軟墊，依序禮佛、讀經後做五十個大禮拜。朝拜前認為五十個大禮拜實在不足掛齒，甚至覺得有點小偷懶，身旁許多人不間歇地日日做上百個，但想著我才剛到不久，身體需要緩步調適。然而，大概做到第三十個就開始靠意志力苦撐，每次蹲下、平趴、起身的時間開始拉長，每個大禮拜之間的呼吸節奏也變得急促。膝蓋與大腿過度緊繃，站立時感覺得到肌肉群的顫抖，說得更白其實是抽搐。忍耐著做完五十個大禮拜，隔日我的腿彷彿兩天內疾走標高三千五百公尺的奇萊北峰那般不聽使喚，每一抬步便震動一次大腿肌肉，因而需要持續一小段時間規律運動，讓肌肉組織熟悉當下動作的肌理張力。這是種苦行，帶有崇拜意義的身體苦行，透過持續不斷的身體勞動，將人的意識集中在骨骼與肌肉間，並且只剩下骨骼與肌肉的運動，使得人不再耽溺於貪嗔痴的念頭。無雜念的身體苦修將人的存在置於極度踏實的現實世界裡，而體力近乎耗盡的身體更能與精神層次的神祇和教義相連，那是最清明的當下。停留於山城的時間越長、轉經的次數越多，便越容易在特定時間遇見特定的人在禮佛。無論是否熟識，都有可能在未來某個時刻與朋友談起某個人時說道：「喔！我知道他／她，常在大昭寺裡見他／她做大禮拜。」轉經繞塔與大禮拜苦修是讓自己平靜下來的方式，或者說，在吸吐之間正負能量獲得平衡，如此一來便較有氣力面對自己的難堪。

不知繞到第幾回，我似乎瞥見梅朵的身影，但由於有段距離，只能不太確定地喊了名字，梅朵回頭給了我一個笑容，並且過來握住我的手。那憂鬱的當下，好感謝身邊有她。她陪著我，我陪著她和跟我同一天生日的四歲女兒德吉繞塔，聽德吉說些沒邏輯和亂了順序的童語，我倆笑著孩子的天真。德吉是媽媽的天使，在爸爸次仁為了全家的未來而跳機比利時的歲月裡，於德蘭薩拉陪伴孤獨的媽媽。「還好有她！不然我都不知道該怎麼過下去。」梅朵深情地說著。接著，又以焦心的口吻說道：「真的很擔心這個女兒長大後會管不住，聰明得很，跟她說一會回應二三四，把原來我想要教育或教訓的話，全給翻轉成對自己有利的方式。」梅朵認為所有大人，尤其是德吉的爸爸，寵壞了孩子。次仁遠在歐洲，戰戰兢兢地遵循比利時關於難民歸化的各項政令與輔導，並嘗試找機會打工賺錢，不僅要在物價高昂的歐洲養活自己，也希望能寄點錢到印度給妻女。但一年過去了，這冀求仍未實現。次仁總是省用比利時政府發放的難民福利津貼，除了買點菜做飯填飽肚子，就是打電話與妻女聯繫；偶而在印度夜晚、比利時早晨雙方打開電腦，架上攝影鏡頭視訊對話。次仁對梅朵最常說的話是：「好好照顧我的女兒，不要虧待她，我求妳了！」德吉鬼靈精怪，腦筋動得快不打緊，還說得一口讓大人開心服貼的諂媚話語，天生就知道如何制伏他人的內心，連鄰居印度小男孩都聽其使喚，甘願為她做牛做馬。「這小孩長大怎麼教啊？」每次梅朵憂心地講這句話時都伴隨著滿足之情。

決意離開西藏家鄉

德吉靈巧與不畏懼的性格顯然遺傳自梅朵。梅朵自小在家鄉便是個任誰都擋不住的孩子，她不像西藏女孩多留長髮，而是剪了俐落短髮、穿男裝、騎賽車，甚至動念想到印度時，也以豪邁的指導語對姐姐說：「妳安排！」梅朵沒有想過，這「一定要去」的決意換來的竟是生存與返鄉的尷尬處境。梅朵一開始設定兩年，就花兩年時間到印度拜見達賴喇嘛和讀書，無視旁人拋出多少印度危險的恐怖事蹟，更不在乎家鄉之人普遍認為印度貧窮。「那是無路可走的人才會去的地方。」是老家對印度的評語。二〇〇四年，梅朵的姐姐幫忙付了錢，找了帶路人，讓她以唸書的名義經由尼泊爾抵達印度。然而，行政手續中登錄的學生身分，日後卻成了梅朵在印度生存的難題。

梅朵並非來自家境優渥的孩子，也不是沒吃過苦頭，但相較於多數藏人歷時數月在冰天雪地中艱難徒步離鄉的經驗，梅朵的移動可算得上是幸福。「我不是冬天走一個月過來的，靠通行證。從甘肅老家辦通行證到樟木（中尼邊界城市），樟木、尼泊爾邊界有個橋（友誼橋），橋到了之後在這裡躲上一天，第二天早上開始出發，爬一個山，下午等到天黑，再走。這一段是給錢過來的，有人帶路，只走三天。」該年五月抵達尼泊爾後，直到九月都停留在西藏難民接待所等候送往印度。難民營狹小擁擠，等待後送的人數過多，以致床位不足，再加上天氣濕熱，鋪個草墊便睡在地板、走道、屋外者比比皆是。梅朵睡在走道上，被蟲子咬到眼睛腫起來、衣服穿不住，痛得晚上夢境都是蟲子攻擊的情節。打電話回家直哭，心裡覺得好委屈，但才說出口想回家，便遭大姐訓斥：「怎麼啦？大家都能吃苦，妳說妳要去吃苦，要去見識一下、要去看一下，應該是要這樣嘗試一下啊，怎麼一點苦就受不了，幾個蟲子咬就怕了？開始叫，羞不羞？」梅朵什麼話也不敢說，她本以為不過就是去印度，實在不是什麼難題，但沒料到過程如此驚駭：「夜裡爬山，我摸到一個很軟的東西，『啊！』嘴巴馬上被摀住，不能叫啊，不能叫！叫得話大家會被發現。一路上，蟲子、吸血蟲爬滿，他們（身體）全部爬滿，我看了全身癢，（即使）我（身上）沒有吸血蟲，〈手〉也一直撇、撥掉。全部都流血，好像腳爛掉一樣。翻過一個山頭，我們爬，在人家的房頂上走，我怕是怕了，感覺到很恐怖，然後一個石頭……啪……摔倒了，摔得啊嘛慘慘的、啊嘛糊里糊塗的，一下子爬也爬不起來，嚇得發抖。那個大燈、巡邏的燈這樣子照，巡邏的燈在照我，那我〈被〉抓住了嘛，我嚇得發抖，起也起不來。帶路的兩個人，一個〈左邊〉一個〈右邊〉把我架著跑，〈大家〉跟著跑。我哭，聲音也啞了，他們說這麼一點也要哭成這個樣子。因為太怕了，我以為來就行了，沒想到是這樣的。」在家鄉堪稱勇敢的梅朵，即使膽子再大，也敵不過黑暗中無法掌握的恐懼。

想像中的自由及其代價與折磨

繞塔行進到某個轉角時，梅朵想離開並邀我到她家吃晚餐，我推辭說自己很累，梅朵說：「妳嘴唇很乾，看起來氣色不好，要好好休息。」我要她先走，自己繼續繞著大殿轉圈，平緩心頭的哀傷，試圖提起精神。好幾回我在大殿旁轉經輪的平臺，望向寺院入口，想看看這對母女是否由依山勢而上的「李察吉爾之路」[2]返回山城鬧區。我想拉開與梅朵步行的距離，就怕離開時在路上碰著面，又得重演一次盛情邀約與極力推卻的戲碼。「去吃羊肉餃子好了，吃點肉讓自己的身體有些能量。」我這樣想。幾圈下來都沒瞧見她們往城裡走的身影，或許是錯過了沒看見。於是，我踏階而下，獨自離開大昭寺。才走下樓，便看見廣場上德吉小小的身影，正吃著糖果在旗桿間跑來跑去，一個比她更小的藏族孩子跟在她身邊想要加入遊戲，德吉指揮小小孩去這去那、做這做那，教導著遊戲進行方式。梅朵和她懷孕的朋友坐在白色烤漆已鏽蝕的鐵椅子上，梅朵正在講電話，懷孕婦女則在一旁聽著。我陪德吉玩了一會兒，然後緩緩走向這兩個女人。梅朵聽著話筒，以藏語回應後又向我翻譯：「他說，在這裡多一天，就幸福一點，不要一直想著能不能快點到比利時，想著究竟什麼時候才能離開印度。到比利時是很苦的，什麼事也不能做，比利時政府給的津貼也少得生活不了，但想著在印度的妻女，就是要忍耐。所以能在德蘭薩拉多生活一天，就是一件幸福的事情。」我聽出梅朵正在與次仁通話。或許是當下個人的情感投射，也或許是內心像經歷風暴似地被抽空，我聽著聽著眼淚不由地掉了下來，到頭來還要兩個藏族婦女安慰我。一方面，我心疼梅朵和懷孕婦女想念遠在比利時丈夫的心情。「那是一種寂寞！」梅朵說，「我還好，我懷孕的時候次仁在我身邊，可是她不是（指著懷孕朋友），她老公現在在比利時，懷孕和生產時間都不在身邊，很寂寞的。」另一方面，我挑起了自己孤獨惆悵的情緒——想念心裡的那個人。「妳很好。妳看，妳可以到處旅遊，想回家就回家了。可是，我們想回家都回不去。」梅朵這樣鼓勵著我。

梅朵初抵印度時登錄的學生身分，年年折磨著她在印度的居留。「就是學生身分害了我。我的身分是一年一年簽的，拿的是綠色的學生證，沒有（流亡）政府的黃色本子（難民證）。『學完了，就回去。』印度警察這樣講。我回去有這麼簡單嗎？」梅朵中途輟學未完成學業，無法順利進入藏人行政中心所安排取得合法居留證件的管道，只能每年為了簽證到處請託關係、賄賂印度警察。「學校看我可憐，給了我證明，然後我簽了（居留簽證）。簽完的那一天心裡放鬆了，隔天又擔心下一年的簽證，累得很。」或許正是因為這種折磨，梅朵常有「飄啊飄」的不安定感，以至於不斷地想方設法離開，然而申請返鄉卻又顧慮甚多，於是計畫全家到比利時去。「這裡（印度）好像沒有自由，一年簽證沒下來，就很苦惱地等著。每天交房租過日子，好像沒有家的感覺。剛開始搬來，這個地方很髒，想要刷一下，老公說刷什麼，又不是自己的房子。」梅朵渴望的自由與積極參與抗爭運動的藏人所追求的不甚相同，後者是追求民族尊嚴和自主的長期抗爭，梅朵不認為自己有此壯志，所圖的只是好好過日子。「有時候到了這邊（印度）也想過是為了自己的民族啊！但是我沒有那麼偉大，我做不到，大家都是為了自己的生活算計著。」

梅朵曾說羨慕我很自由，但要接收這聽起來頗為美好的自由之身時，不知為什麼我竟然感到不自在，想要反駁卻在喉頭處硬生生地壓了下來。我這看似移動無礙的自由，其實包覆在一團烏煙瘴氣中且困難重重。旅途的安排歷經整整四年，每回規劃出發便有意外發生阻斷旅程，接著就是在無奈與怨懟中暫緩一切。每當宣稱啓程的時間來臨卻又再次留下時，我甚至不敢現身在既有的人際網絡當中，僅將自己藏在一個極度黑暗的世界裡自憐。遠行的目的不再只是單純地離開，還伴隨著未來職涯不甚樂觀的包袱，以至於「究竟為什麼要出發」成了根本的挑戰。路途中每日精算花費，不但擔心旅費告罄勢必得打包行李返鄉，也焦慮回家後又得面對那承擔不起的人生磨難，盤算著該用什麼樣的姿態回應臨在面前的難題。當周圍所有人不斷探問我所建構自身形象的底細時，我手足無措地包裝唯有自己才明瞭的難堪，而且打從心底知道應對之間都很敷衍，而我很在意這麼敷衍。凡此種種都是扛在我身上的「不自由」，出現在印度山城當下的人身，讓企圖與家鄉保持距離以獲得「自由」的處境顯得虛幻而短暫。我所企求的自由終究只停留在身體距離上，心念仍舊無法跳脫關於生存的渾沌，依然深陷自身苦境而無法澄明。

然而自由之外，光是日子該怎麼過，便是人生極大的難題，怎麼決定都不對。梅朵從未想過要在印度久留：「啊，算了，誰留在這印度？過一天算一天，走，回家。從西藏過來的，就是飄來飄去。想要回去家裡也回不了，印度再怎麼說也不是我們的家啊，不是我們的根啊，哪一天印度不讓我們待了，那我們到哪裡？回也回不去了。現在趁還有機會回去的話，趕緊回去，對吧？那裡還有我們的底子。回去還是有個身分，有，我們是這裡〔家鄉〕的人。到時候那裡〔中國〕的政策也變，這裡〔印度〕也變，再過上十年什麼都變了，回也回不去，回去了什麼身分也沒有了，我們哪裡去都難了。你不想過嗎？我想，我害怕，我怕代價。」

考量遷移西方的難題及盤算

二〇一一年，梅朵夫妻倆雙軌處理未來生活的落腳問題：次仁決定跳機比利時，梅朵則向中國駐印度大使館申請證件準備返鄉。梅朵想著次仁先到比利時鋪路，幾年後將母女兩人「拉」過去，在去比利時之前，先帶德吉回家鄉探望年邁的雙親。梅朵盤算著僅回家一兩個月，然後回到印度，等待時機移民比利時。「別的國家去不了啊！很想去美國，但很難走，因為要去的話，要一百多萬〔盧比〕。比利時大家走得多，去比利時的九十萬是到處借的，借東借西，湊的。」為了遠行，梅朵向僧人表哥開口簽下擔保人向寺院借款，籌劃全家團圓時，女兒德吉接受西方教育，夫妻倆則拼命打工還錢。「因為這樣我們兩個決定分開，他先去努力，然後把我和小孩拉去比利時。我心裡的想法是最多等兩年吧，再等下去，我等不了。兩年等不到的話，他會回來〔印度〕吧！他們也在問我，為什麼藏人很辛苦地來，又要很辛苦地往那邊走？」就像魚群洄游路徑，藏人自西藏離開後的移動終點，仍舊指向家鄉：「拿著比利時的身分回中國，應該比較容易回得去吧！」

藏人離開家鄉多以隱匿的形式出走，梅朵也不例外。「我是瞞著的，家裡面查戶口，說女兒在拉薩。」遠行旅人從此與家鄉維持著極微弱的聯繫，只能倚靠鎮上親戚朋友家的電話。打電話回家與親人對上話得花兩天的時間，第一天打電話請親友通知家人，第二天某個時刻等在電話前頭。不能寫信，因為郵寄信件將暴露離開原鄉的事實，讓家人陷入遭國家監控機制審問的困境。若真想帶點什麼給思念的家人，就得看有沒有足夠信任的人往返於落腳地與故土之間。這多少要靠點運氣，看信賴的人是否有機會申請到證件飛越中國國境，到尼泊爾參加各種名目上的旅遊或慶典活動——實質上是將護照放在尼泊爾，隻身前往印度探訪親友、轉交信物，任務完成後再搭巴士返回尼泊爾，自尼泊爾搭機回中國。尼泊爾與印度的行程隱形在正式文件中，彷彿人生從未經歷過這段旅程。在某種程度上，家鄉消息無法輕易取得，因而思鄉情緒變得分外濃稠。

「好像掉了什麼，回不去的感覺怪得很，好像一個事沒有幹完似的。最後我去年（二○一一年）跟老公決定去申請，拿護照。」[3] 梅朵以豁出去的求情姿態面對中國大使館簽證官。二○○九年曾申請回次仁的四川老家，但遭到駁回。「肯定是老公的家鄉不平靜吧！」[4] 梅朵揣測無法取得回鄉簽證的原因。二○

一二年，中國大使館通知梅朵回甘肅家鄉的簽證已完成可取件，她琢磨了兩個星期，不敢坐巴士下山。「我沒有去拿，因為德里發生了藏人自焚，護照在德里的大使館，但是這個擋著。」梅朵擔心去了德里可能會被貼上標籤。即使拿到護照，帶著孩子確實回家了，但護照若是被扣留，就再也回不了印度，全家便無法在比利時展開有身分的新生活了。

流亡歲月仰仗捷徑

和兩個藏族女人在大昭寺裡坐了一陣子，相互安慰取暖，擦了眼淚後三個大人、一個小孩起身離開。我想陪梅朵（或該說是梅朵陪我）再走走，一起沿著李察吉爾之路走到巴士站再分手，梅朵回家，我找餐館吃飯。德吉十分靈妙而甜美，一路上總有人喊著她的名字、抱她、捏臉頰、給糖果。德吉開心得很，不但沿途糖果吃不完，還一直叨念提醒媽媽不要忘記買裝有糖果的玩具小汽車。由於爬坡加上間歇停下腳步讓德吉逗樂街坊鄰居，我們行走的速度很慢，從大昭寺走到巴士站時天色已近墨青色，時間指向六點半。我疲憊地看著梅朵並開口說再見，話才出口尾音尚未消散，梅朵便阻止我繼續說下去，堅持要我到家裡吃晚飯。或許是當下我需要有人陪伴，需要有家的溫暖，需要有人做飯給我吃，需要像在家裡與親人用餐那樣的吃飯，我沒有猶豫便點頭答應。默默跟著這對母女從巴士站的地勢高點，繼續往前下行，繞到山的另一邊，走往家的方向。

德蘭薩拉依山而立，以一條腰帶似的環狀道路繞行山城，水泥主要幹道四周布滿了樹根狀的泥地山徑，若無人指引便永遠不知道這些路在哪裡。「short cut、short cut」，藏人這樣指稱那些須在某棵樹轉彎或穿過某棟建築物縫隙的捷徑。山城捷徑彷彿人體微血管般分支細密，為全城交通聯絡要角，以泥土、石頭及階梯架起連結網絡，隱密不易見，車子進不來。走捷徑既可節省步行時間，還能看見山城的細部生活。捷徑往往貼附著藏人家庭的廚房、客廳或小院門口，經過時便可看見藏人蹲在公共浴室的水龍頭下洗衣服，也可聽見電視機傳來達賴喇嘛講法之聲或寶萊塢歌舞樂曲，還可聞到咖哩香料的味道，知道這戶人家晚餐的料理口味。最讓人偶有驚呼的是鐵花窗內玻璃映照出的窗邊風景：各式調味料罐、住屋者照片，以及窺視時冷不防從窗內冒出來的臉孔。

從巴士站到梅朵家一路順勢而下，在李察吉爾之路的終點右轉，往瀑布方向的狹窄巷弄間。我們跟在身著粉紅色紗麗的印度女人和兩隻牛的後方。正值晚餐時間，路上擠滿了人，若有車輛經過，所有人和動物都必須側身，跳到商家門口的小臺階上，讓出車行空間，同時還得留意腳邊一碰即倒的各式手工藝品。傍晚天色尚未暗黑，捨了毒辣的太陽而以晚風款待，全城出籠擠在各個能坐或站的空間，對來往人群品頭論足。經過西藏旅館隔壁的雜貨店，兩個藏族女人停在商店購買隔日探望新生兒的伴手禮品，我則在店門口盯著德吉玩手掌大的玩具車。開始教授中文後就常在路上遇到中文班的學生，停留片刻便陸續與三名學生寒暄問候、說再見。接著在菜攤買了菜，德吉對賣涼粉的藏族阿嬷諂媚地說：「阿嬷，妳的涼粉是世界上最好吃的涼粉，沒有人做得比妳更好了。」藏媽媽開心地擠出臉上所有皺紋大笑，同時一手拿起塑膠袋，一手提起勺子挖了兩瓢涼粉給德吉。梅朵不好意思地唸了德吉兩句，德吉睜大眼睛說：「我說的是真的啊！」又蹦又跳地往家的方向前進，此刻時間已來到七點十分。

往梅朵家的捷徑左右方向各有一條，以印度雜貨店為分岔點。通常回程往左行是較省時的走法，但若途中想要拜訪某人或轉交某樣物品，那麼就會往右行經一大片藏族租屋區，那是康巴人落腳的聚集地。左行會經過一個牛棚，在牛棚前方約一百公尺處有個階梯，下階梯後在一根阻擋過路人越界進到自家門口前臺的橫倒樹幹前右轉，前行十公尺，在某個小土堆處之字形轉折後，踏著石頭越過小溪，轉上土坡經過一小片矮叢，就能抵達梅朵租來的五坪大綠色房間。這幾近五十度傾斜的山坡路徑，腳程快些約莫五分鐘便可完成下行，但上行就是高度挑戰體力的運動了。

我第一次拜訪梅朵時，人正在面對綠色房間的左邊山谷，同樣穿越捷徑右行到達，離開時梅朵手指著這條左行捷徑，告訴我怎麼走才能快速穿越過山谷，回到山城鬧區巴士站。我一路在腦中回想梅朵的指引，眼睛不停來回辨識判斷不走冤枉路的最短距離。一週後，第二次到梅朵家前，我盤算著時間和路徑，先到西藏旅館旁的糕餅店買馬芬蛋糕作為小禮物，六個口味夾雜的馬芬蛋糕塞在黃皮紙袋裡，袋口捲折起來好讓我方便抓著走。我憑著印象分辨捷徑方位，在牛棚前都順利選對了邊，經過牛棚後，我記得在某個地方要轉下山谷，我甚至可以指出山谷下梅朵家的位置，記憶裡要走到印度人經營的黃色旅店前方。在這個不確定的轉折點上，我確認了自己的方位是正確的，同時看見黃色建築物。於是，我決定繞過黃色建築上方的山路，心想前頭的回彎處應該有個階梯才對。日照甚是毒烈，我繞著彎曲山路往前走，滿身大汗，越走越不對勁，黃色旅店離我越來越遠，我看得見山谷下的綠色小屋，卻找不到往下的路。杵在回彎處，心裡實在是非常沮喪與著急，相約的時間一分一秒過去了，卻不知路到底在哪裡，我只知道若繼續往前走，將與目的地漸行漸遠。正想著該往哪去的當下，手中早被馬芬蛋糕油脂浸透的紙袋瞬間破開，六個蛋糕彈跳似地在泥土路上滾動，我深深絕望地盯著地上的伴手禮，自己捨不得買來吃的點心就這樣全粘上了黃土。我在回彎處的置高點打電話跟梅朵說迷路了，梅朵問了一會兒我的位置，發現行不通，於是走出房門望向四周，便在電話裡大喊：「我看到妳了！超過了，超過了，回頭，回頭有個樓梯走下來。」我在山谷的這一邊向谷裡的梅朵揮手，彷彿獲得拯救。

山城夜晚風雨生活

數不清這回是第幾次到梅朵家，在捷徑路上內心十分掙扎，時間已經走到了晚間七點三十分。放下背包時特意取出手錶揣在衣袋裡，以方便隨時檢查時間。在德蘭薩拉山城，夜晚八點即為女性的隱形宵禁時間。總有人這麼告誡：「一個人不要去爬山，一個人不要走山路，一個人不要繞大塔，在外不要停留太久，最遲晚上八點一定要回家。」從梅朵家回到我住的地方，等於是繞山城一圈，從這個山頭走到那個山頭，一趟需要三、四十分鐘。晚上照明不清，山路顛簸，李察吉爾之路沿途的小攤販全收攤了，想到針對女性的叮嚀，夜間回家的路程顯得異常陰冷，需要提高戒備。曾經某個夜晚，我也到梅朵家用餐，她趕著做飯，我趕著在八點前吃完離開。一路摸黑爬山，山上天氣多變，春天時節的夜晚溫度驟降，刮風下雨。巴士站附近人群尚多，商家與餐廳仍在營業，但繼續往大昭寺方向前進便越來越昏暗，人煙越來越稀少。步伐的確因夜晚而加快，腎上腺素異常發達，全身緊繃，眼觀四面、耳聽八方地戒備，手電筒不斷游移查探四周動靜，尤其是從大昭寺轉進回住處的捷徑，總會有貓突然衝出嘶吼，那發亮的眼睛令我害怕，夜歸的緊張氣氛讓人喘不過氣來。

「趕快煮啦！」我催促著梅朵。她說：「妳就住下來嘛，妳很急，我也煮得很急。」當下梅朵才煮完第二道菜。她家沒有冷藏設備，買了肉都存放在隔壁阿佳的冰箱裡，但取肉就得配合阿佳回家的時間。若阿佳出遠門，就會一陣子無法吃到肉。梅朵要我留下來的另一個原因是，她想做一道有肉的菜餚給我吃，但阿佳還沒回家。約莫有半個小時的狀態是梅朵趕著煮飯，而我心裡急著想該什麼時候離開，不停地偷看手錶，甚至中間時刻說出：「我不吃了，我想先走好了。」德吉則是門裡門外跑來跑去。過了八點還沒吃到飯，德吉將門打開跑到隔壁哥哥家玩，外頭突然下起雨來，冷颼颼的風吹進家裡，屋內空氣瞬間冰凍。梅朵說：「下雨了，太好了！」就是要阻止我回住處。我起身關門，感覺到灌入房內的刺骨冷風。大家都說今年天氣特別奇怪，雪和雨下得太多了點。原本四月是山城最美好的季節，溫暖且陽光柔和，但這回我著實被忽冷忽熱、忽風忽雨的氣候給捉弄了。有時明明看見太陽，但一出門卻又寒風襲來，不得不回房拿外套；有時則是陰風冷雨、雷聲隆隆，得將所有衣服穿在身上，但沒兩個小時太陽露臉，熱得必須將衣物卸下。這天出門時沒打算在外頭待那麼晚，所以沒將外套帶在身邊，加上下雨且要摸黑走山路回家，時間又過了穩當的八點，當下覺得趕路太辛苦也太危險，光是設想回家路途可能的遭遇，便需要深呼吸緩解壓在胸口的那股浮動氣息。於是我跟梅朵說：「今天晚上就住這了，妳慢慢煮吧。」頓時，兩個人都鬆了一口氣。

晚餐話題圍繞在回中國的考量及憂慮上。梅朵從佛龕後方拿出一個白色布包，將所有能標定個人身分的物品攤在我面前，翻找出申請返鄉時中國大使館要求的相關證明，食指比劃證明文件上每一個字所代表的意義。她在哀嘆聲中重新包裹軟綢哈達，嘴裡默念幾句藏語並將布包高舉在頭上一頓點，作為禮敬、庇佑及祝福的象徵，然後將哈達藏在達賴喇嘛照片後面。飯後我幫忙洗碗、整理家務。梅朵帶著孩子生活，白天工作，下班操持家務，還要陪哄名堂極多的德吉，多數時候累得只想坐下來發呆。小桌上堆滿了用過和沒用過的碗盤、湯匙、筷子，還有開封過的餅乾和糖果、德吉的玩具。我收拾桌上雜物，以及是床也是椅子上散落的紙張衣物。梅朵叫我別洗碗：「我求妳了。」她慣用這幾個字表達情緒。我回她：「我在我家洗個碗有什麼不對？」梅朵笑了沒繼續阻攔。

跨國視訊安頓「回不去」的惆悵

印度山城晚間九點，比利時早晨七點，梅朵盤腿坐在鋪著西藏地毯的地板上，打開朋友送的二手電腦，透過手機連上網路，吹了吹移動式鏡頭上的灰塵，與遠在歐洲尋求庇護的丈夫視訊。視訊品質不太好，外頭下雨使得電路通訊不甚穩定，畫面與聲音都斷斷續續。通話連接上時，梅朵叫了在一旁玩樂的德吉來跟爸爸說話。脫掉外出服的德吉身上露出斜背在貼身衣物裡的保安符，那是所有藏族父母在孩子出生時都會到寺院求來的護身符，祈求寶貝安穩長大遠離意外。不知道德吉是真的割傷了手指頭，還是見到電腦裡的爸爸，話還沒說就對著螢幕放聲大哭，眼淚直滾滾地啪嗒啪嗒落在地毯上，張大嘴巴，伸出捲曲打不直的食指喊痛。

梅朵把德吉抱到自己的大腿上，輕聲安慰並親吻她的指頭，整臉搓揉地化開德吉的眼淚。液晶螢幕裡的次仁眉頭緊蹙，內建喇叭將人聲轉化為機械性頻率，抹去了溫柔的磁性音頻。「爸爸，你出來，那裡不是你的家，這裡才是。」德吉手抓螢幕想要拖住父親。她對著發亮的畫面招手，拍打著藏式地毯要父親從科技產品中出來，回到她的身邊。德吉安靜下來後，一家三口交換著當日生活細節。德吉穿了耳洞，別上亮晶晶的耳環，梅朵將視訊鏡頭移到德吉的耳朵旁，照著新扎的耳洞給次仁看。德吉嘟著嘴生氣地轉頭露出光溜溜的耳垂，同時伸手將小木椅拉到電腦前坐下，要爸爸專心聽她吟唱剛在學校學會的藏語歌。父女倆就著電腦對唱，德吉主導著唱歌流程，若爸爸打破輪流交替的秩序或插話、唱不愛聽的歌，德吉便會摀住螢幕上爸爸的嘴制止他說話，自己在畫面前唱歌跳舞給爸爸看，同時要爸爸像老師一樣摸摸自己的頭鼓勵。爸爸唱歌時，德吉點頭打拍子，開心之餘望向媽媽，指著電腦裡的爸爸大叫大笑，梅朵總要德吉小聲點免得吵到隔壁鄰居。

關上電腦後，德吉照著在學校裡學會的禮佛，向達賴喇嘛照片行三敬禮，作為一日的結束。臨睡前我問梅朵：「有牙刷嗎？」「妳要刷牙？但沒有新的，我很少買牙刷。」梅朵有些不好意思地回答。我感到十分內疚，後悔自己提出這個要求，於是急切打消念頭，安撫梅朵不要麻煩了，反正也就一個晚上不刷牙。躺在硬木板床上，我想起梅朵曾笑自己思考簡單。「來印度我沒有後悔過，沒有回家，是時間的問題。我笑自己，哎呀！那時候我想得多麼天真啊，我說我會回來，你們放心我會回來，二〇〇八年奧運我會回來的。哎呀！我會給你們講印度的故事。現在都已經過幾年了還回不去。唉！我說話大的，自己也沒想過。阿姨說：『不要去，妳要想好，知道嗎？妳過去回不來喔，想好，好好想好。到時候妳回不來，怎麼辦？』天真得很，現在覺得他們說的都是真的，回不去了。」梅朵說這番話的當下是二〇一二年四月二十九日晚上十一點。

第三章

思念轉化

「非洲人懂得怎麼傾聽我沈默的複雜和微妙之處，而我也明白這種沈默是我們共享的語言。在他們的沈默裡，我終於回到家了。」[1]

巴士站擠滿了人，等著傍晚六點自德蘭薩拉出發前往德里的長途夜巴——新成立的運輸公司 Ama 巴士。聽說車子嶄新舒適，票價也比另一豪華巴士 Volvol 便宜，許多藏人和遊客趨之若鶩，若不預先搶票往往落空飲恨。就在送平措離開印度前往義大利後不到一個月的時間，我自己也要離開田野地。早早預訂了班次和座位，夜晚下山、隔天早晨抵達德里藏人村，盤算著巴士一停站，馬上轉搭計程車前往機場，銜接近中午的班機回臺灣。無奈我的 Ama 經驗很是氣餒，為了等待找不到這隱匿巴士站而遲到的背包客，延遲了發車時間。好不容易終於啟動引擎出發，沿途頻頻停靠接應中段上下車的旅客，拉長了原定的行車時間。路途中最讓人焦慮與頭皮發麻的是半路輪胎破了，司機與小弟在深夜的荒郊野外徒手換大巴輪胎，引來附近農家與騎摩托車路過湊熱鬧的青年七嘴八舌地指導如何換新胎。折騰許久，我在一旁等得膽顫心驚，頻頻確認手錶上的指針時刻。我一路都在擔心趕不上回程飛機而無法放心休息，就怕車子又出了什麼小意外，將被迫留在近五十度高溫的德里，處理很難候補上的機位以及很想回家的情緒落空。

隱匿巴士站裡的遠行盼望

說巴士站隱匿是有道理的，這蓋到一半便停工的偌大廢墟座落在山壁邊，從山城中心走向灰撲撲的水泥建築物，會先看到冒著鋼筋、已被用來停車或小販聚集的樓頂平臺，邊角有個下雨便積水的超長階梯，順著樓梯往下走就會瞧見各家巴士停靠在水泥柱之間。綠色的山區公車也以這個廢墟空間作為終點站，讓所有旅客下車，再大回轉返程下山。由於車站位於山凹處，不經過山城心臟位置，旅人得逆著平日行走方向，且在某個特定坡坎轉彎直下才能遇見。在這灰色水泥開放式空間裡，可見拆模後的樑柱和牆壁仍浮露著模板紋路，做工粗率所呈現的建築景象，絕非當今極簡的清水混凝土風格，那應該是工程款不足或貪官污吏分贓的結果。車站空間未完成的細節頗多，正對巴士停靠處的一整排商家店面規畫，只看得出隔間和預留門窗洞口，裡頭堆滿了垃圾及建築廢料。唯一的零食攤門口掛滿色彩亮豔的商品廣告旗幟，包括巧克力、冰淇淋、薯片及汽水，全都以極致的食品加工色素展現賣相。走廊上放了幾張鮮紅色塑膠靠背矮椅，在灰沈的水泥空間裡，這角落的色調顯得極其刺眼。

歡送平措的人潮好似流水席般不斷湧現。我是在自焚藏人蔣佩喪禮前的悼念法會上，認識這個瘋迷韓劇的年輕女孩。祈福儀式結束時約莫午後四點，隱沒前的太陽展現最後毒辣的機會，蛇蠍般地刺人。我與平措站在路邊寒暄，忍耐著陽光久曬的不舒適，皮膚已經開始感到有點灼熱。站在我面前的平措不斷移動身體，試圖躲在因我身形而產生的陰影裡，差點就蹲在我腳邊仰頭說話了。「我們為什麼要在大太陽底下說話？熱得很，斑都曬出來了。」平措嘟囔說。她順勢拉著我往一旁停靠的車子躲避，兩個人幾近蹲在發燙的印度國民車TATA四門轎車陰影底下。過沒幾日，在大昭寺裡再度相遇，她和幾個同年齡女孩坐在軟墊上誦經。她說即將到德里辦義大利簽證，正在準備所有的資料與證明，要隨著仁波切到義大利的講經行程離開印度。

「會回來嗎？」

「不回來了。先到義大利，然後去瑞士，想在瑞士生活。」

「為什麼去？」

「我總要為自己想，對吧！在這裡能做什麼呢？什麼事也做不了，又回不去家鄉，是有點政治問題。我還想結婚、生小孩，我要生活啊！」

「格桑呢？」

「我走了，兩年內，甚至更久，不能回印度了。我會回來看她。」

這段對話之後的某個下午，我到平措與格桑的住處喝茶、看韓劇，同時幫忙整理家當，出主意決定哪些東西該留、哪些該帶走。「在西藏的畢業證書、中學照片一定要帶的吧，這些可以證明我從西藏來。」我端詳著平措遞過來的陳舊相片，從排排站的人影裡搜尋她的面孔。我與格桑說笑的結論是：所有西藏女孩來印度後都變得漂亮許多。

平措連同身旁共六名等身高的年輕女孩一起出現，一個隨身背包和兩件托運行李皆由朋友拖提著，巴士站頓時充滿了高頻的問候聲與笑鬧聲。隨著離出發的時間越來越近，歡送平措的親友越來越多，不斷有人從四周現身與她打招呼，她也不停透過電話與未能臨別一見的親友互道珍重。遠行至義大利協助仁波切講經的僧眾陸續出現，他們扛著法會所需裝備，托運的行李以麻繩捆綁，行李箱上貼著內容物名稱，一箱箱放上已啓動引擎的Ama巴士後車廂，同時打點著平措的行李、座位、礦泉水等。當車子發動引擎轉動車頭，所有人擠到平措身邊獻上代表祝福的白色哈達，以及誠心準備的遠行禮物，希望就此揮別的平措仍能記住自己。擁抱、握手、拍照、叮嚀，短暫的候車牽繫著捨不得的離情，所有人都明瞭面對這可能一輩子再也無法相見的情誼，剩下的只有微笑。早已上車坐定的同行僧眾自車窗伸出手來拍打車身，提醒平措無論如何該上車了，這時我才發現，平措脖子上滿掛的哈達及手上所提的各色禮物，一下子都不見了，不知是在哪個笑鬧混亂的時間點，以及哪位貼身照料的隨從，將平措身上多餘的飾品取下。在仁波切身邊打點的僧眾如同照顧親妹妹般地為平措處理一切雜務，往往在她尚未開口前就把事情處理妥當了，彷彿希望宛若公主的平措能以輕便行裝無罣礙地啟程。「有時候覺得身為女人還不錯。」平措踏上巴士臺階時轉身對我這樣說。那是臨別的最後一瞥。

相互取暖依偎的「失敗人生」

看巴士駛離並不是件容易的事，留下來的人需要比離開的人多一份勇氣，因為遠行至少帶著希望。某種程度上，巴士的隱沒也將旅人與停留者共同培養出來的生命企盼一併帶走了。與平措相依的格桑就是那個留下來的人。「平措才走兩個小時，我已經開始想念她了。」格桑在小房間裡努力撐住不讓眼淚掉下來。這個五坪大的雅房是格桑與平措共同生活的租屋處，房東是印度人，衛浴在走廊盡頭。屋裡擺了兩張直角排放的單人床，門邊的兩層架上第一層放了臺要扭動天線的十五吋映像管舊電視，第二層則零散擺著兩個年輕女孩的用品：牙刷、牙膏、旁氏洗面乳、洗髮精及兩支口紅。衣物和棉被堆疊在床尾，牆面上貼著印度男明星海報，以及披掛著哈達的達賴喇嘛肖像照片。正對門的單面窗旁有個僅容一人回轉的小廚房，水泥料理臺上的單口瓦斯爐及錯落在地上的鍋具碗盤，構築了小廚房全景，沒有洗手臺，煮飯用水全靠側邊透明塑膠桶裡的存水。

在五坪大的空間裡看韓劇、吃飯，成為我與這兩個年輕女孩的休閒相處。第一次聚會當日，平措去了趟下德蘭薩拉（lower Dharamsala）[2]市集逛街，僧侶表哥給了她五百盧比零花，因為平措嚷著想買新衣服。平措帶著對她而言是新裙子的二手衣衝回家，塑膠袋一扔趕緊開電視，看每天傍晚固定播放一個半小時的韓劇《女人花》。「一百三十集耶！每天我都準時收看。」平措盯著片頭主題曲畫面說道。「這故事太誇張了，哪有女人壞成這個樣子搶男人的。」格桑邊看電視邊解釋角色給我聽，同時揉麵糰做晚飯。平措非常投入，當劇情出現令她受不了的情節時，就對著發黃的螢幕大罵主角，看到傷心處也會嘆氣且擦拭還未流下臉頰的眼淚。擾動平措情緒的橋段通常是用盡心機使壞的故事編排，「長得這麼漂亮，但是心地這麼壞。」那是平措最過不去的地方。三個女生就著劇情發展討論怎樣才能像韓劇女主角一樣皮膚白、鼻子翹，而我們三個膚色都算不上白皙。

格桑的流理臺在鋪著藏式地毯的地板上，一塊砧板、一把菜刀、一根擀麵棍和一個蒸籠，就可以調理出像樣又美味的家庭式菜餚，而且麵粉、菜屑也不會掉落在地毯上。格桑運用極簡陋的廚房空間和炊具煮飯的工夫，特別是沒辦法在做菜過程中洗手這件事，讓我讚嘆不已。那天格桑做了牛肉蒸餃，我們配著辣椒和奶茶，度過了第一頓三人晚餐。餐後我要洗碗，被兩個女孩阻止，我不明就裡地執意想盡點分攤勞務的責任。「水有很大的問題。」格桑一句話擋下了我的堅持。平措試穿新買的裙子覺得不好看，沮喪地打算隔日再下山換貨，但又卡著有既定約會得在特定時間內返回，遲疑著是否該打消念頭。花了錢卻又捨不得的躊躇，讓我們三人光是討論下山、上山的行程安排，便度過大半夜晚。兩個女孩喜歡我身上單色無圖樣的T恤、保暖上衣及Gore-Tex外套，她們輪流試穿和拍照，說自己從來沒想過簡單的顏色也可以這麼好看。

平措離開的那天晚上，我也在格桑的小房間度過，第一次睡在原本屬於平措的單人床上。從巴士站送格桑回家的途中，她問我：「晚上睡覺會害怕，妳可以留下來陪我嗎？」我遲疑了五秒沒立即回覆，轉瞬間千萬個念頭在腦子裡盤旋。「好啊！」我回答。「不可能，妳不會留下來的，妳不會喜歡。」格桑這麼說。我沒有應答，只是慢慢地往格桑住處移動，中途停留在印度人的菜攤買菜。格桑的話對了一半，並非不可能，但的確不是太喜歡。小房間沒有浴廁，走廊盡頭的單組公共衛浴約有十戶人家共享，那對我來說是很大的壓力。但是我想陪格桑，不願為了夜晚趕回住處而倉促相聚。況且當天換了住宿地點，沒來得及打掃便出門送行，晚飯後回到新房間還得提起精神打點，著實疲累了些。於是，我留了下來，陪伴格桑和另一位藏人朋友德勒吃晚餐。當晚格桑以馬鈴薯做了兩道菜，其中一道和著雞肉、淋上醬油調味，餵飽了我的肚子。在大夥想念平措的時刻，夾雜著某個藏族男人同時與五個女人交往的複雜故事。

我聽得懂簡單的藏語，但要理解一個有如部族親屬關係般交錯的風流韻事，現實上有困難。格桑感受到我想加入的誠意，偶而轉譯對話讓我接上劇情發展，同時貼心地說著自己學中文和法文半途而廢的經驗：「Failed」。參雜著平措離去及格桑頓失生活依靠的感傷，這個冒出來的「失敗」讓人喟嘆。諷刺的字眼嘲笑著人生命運，前頭指著語言學習，後方背負著離開故土、不斷遷移卻終究孤獨的挫敗生命。「我很小的時候父親就過世了，我不記得他的臉……我第一次到印度的時候感到很寂寞，這是一個不一樣的地方，每一個人都是新面孔……之前我曾經嘗試回家，我媽生病了，我想回家。我打電話給她，但她不能說話，常常浮在腦海的畫面是我媽媽躺在房間床上……我常想，我可能死在這裡。」有著溫婉性格的格桑敘說自己十七歲離開西藏家鄉草原，一路十年一個人想盡辦法活下來，企圖回鄉不得果，本以為平措的抵達能帶來家鄉親人般的依靠，但最終還是目送她上了遠行的巴士。「昨晚平措跟我說了很多話，我很想她。我們先停在這裡，否則我會控制不住。」格桑吃著馬鈴薯，格外用力地吞下那不壓抑著便會狂放的眼淚。

夢想天堂裡日日等水

晚餐進行到一半，突然房門外頭騷動，有人大喊「水來了」。格桑急忙嚥下嘴裡的食物，轉身向後提起小廚房旁的透明水桶，慌亂找個容器將水桶裡既存的水倒出來，便趕緊提著水桶往外衝。我追出去看發生了什麼事，只見家家戶戶將水桶排排立在公共浴室前，等候印度房東一天一次的「放水」。四層樓將近四十戶，每戶平均三人計算，約莫一百二十人每天用水時間僅限於晚上二、三十分鐘。在不到半小時的時間裡，各家戶必須完成隔日生活儲水及當日盥洗。缺水是這幾年山城的顯性難題，由於觀光旅遊興盛、民宿旅館擴張，人口激增的第一反應便是資源不足下的有限分配。我住的小旅社位在城中心邊緣，房東也是印度人，主要住戶為長期居留學習佛法的外國修行者，約有十戶房客，主要是臺灣人、韓國人及馬來西亞人。雖然租金較藏人安身的房子稍貴些，但有獨立的浴廁及帶有水龍頭和流理臺的廚房。不僅房間曬得到太陽，一遇上供水問題，房東會即刻處理。每每順著土坡向上往城裡走，總會看見房東或小廝正在查看水塔存水或轉開馬達蓄水，「顧水」成為印度房舍所有者的重要任務。然而，藏人聚集的樓舍就沒有這樣的規格，即使是有獨立衛浴和廚房的房間，也得面臨隨時停水的挑戰。像格桑住處這種居住條件極為簡單、每日房東僅放水三十分鐘的租屋，在山城裡處處可見。

放水期間會有個年長女性協助顧著各家水桶分水，大夥都是長期居住的藏族鄰居，彼此關係緊密且熟悉生活慣習，哪家的水桶滿水了，便大聲吆喝喊人提走，直到所有住戶都取得存水為止。在這段時間，年輕女孩便擠在公共浴室裡，就著唯一的水龍頭洗頭、洗衣服。格桑提了水回家，趕緊將桌上的鍋碗瓢盆清理一番，提到澡間排隊等候沖洗，又連忙轉身回家拿牙膏、牙刷梳洗。「要上廁所快點去，現在可以上廁所。」格桑對我說。我去了趟洗手間，西式馬桶沒有坐墊，也沒水箱，一個白色有裂痕的便器立在隔開的小空間裡。上完廁所沒能沖水，開門走出來問了問藏族女孩，她說：「不用沖水，沒有水可以沖，晚一點會一次沖乾淨。」這讓我回憶起中學時代一條溝式的學校廁所，我向來都是憋著回家才解放，不敢在學校廁所便溺。我握著手上的衛生紙，不知該回過頭丟進馬桶裡，還是帶回格桑的小房間丟到垃圾桶，但又擔心住處裡沒有垃圾桶，且不想再開口問這件有點尷尬的生活小事，於是扶著靠山邊的欄杆假裝欣賞夜景，趁一個不注意將衛生紙抛下暗黑的山谷中。

這個放水儀式日日上演。「一棟樓住很多人，二樓以上沒有水，水晚上才會來。有個藏媽媽每天都在看水，看著房東，我看了很難過。水，這是很小的事情，我們竟然沒有水用。在西藏，我們有大河。」格桑感嘆身為難民的苦處。本以為遠離了中國的統治，沒想到在印度落腳卻仍受制於他人。房東管控用水的搶水生活，讓我稍可理解第一次與格桑見面訪談的情景：我在週六下班時間走進格桑工作組織的辦公室，才剛坐定尚未寒暄，她便差遣我自己上網打發空檔，她要先去洗頭髮、洗衣服，因為家裡沒水。等她包著頭巾濕漉漉地回到我面前，我們才依著午後的陽光談話。格桑十七歲離開西藏，當年離開只是為了讀書。「我家是遊牧家庭，在鄉下根本沒有學校可以去，如果要去學校，得付非常多錢。我在西藏是個文盲，看起來就像動物一樣，從來沒有去過學校，這樣一直到十七歲。連藏文音節都是來印度以後才學的。」一路輾轉自基礎學校畢業，接續到職業學校學習烹飪和電腦，完成六個月職訓後轉往藏族非政府組織工作。

多數藏族報導人過去生活在教育不甚普及的鄉村，聽聞來往於印度和西藏之間的親友或僧侶談起印度生活，總想像德蘭薩拉是個等同於紐約的大城市，有著現代華麗的城市面貌，再加上達賴喇嘛常駐於此，分外加深了此城猶如天堂的嚮往。「等我真正來印度之後，我覺得事情不是這個樣子，不一樣，不是這樣。」格桑看著木質百葉窗外的狹小山城說道。窗外依舊車水馬龍、人聲鼎沸，在二樓談話的我們不時受到車子喇叭聲干擾，山城街景擁擠，人、車、牛永恆地並列爭道。然而，這僅是腹地過小造成的繁華假象，倘若將山城連人帶物空降到紐約，有可能不過是中央公園邊角上的一個小點而已。藏族的遷移是由一連串的震驚堆積而成，從懷抱希望離開西藏家鄉，一路上不斷割捨期待，直至終抵達賴喇嘛的懷抱。「在尼泊爾是恐怖的，警察永遠在看著我們，那時我是真的後悔，心想或許我永遠也離不開了，很多念頭跑出來。我從來沒有想過這段路程是可怕的，幾乎是要死了。」格桑停留在尼泊爾等待難民辦公室後送至印度的期間，只能靠祈禱度日，那些記在腦子裡的音節，是讀過書的僧侶姐夫所教導的唱誦經文。硬撐過一段令人驚恐的時日後，抵達德蘭薩拉卻又開啓了另一段關於生存的驚異和磨難，這不僅是對城市想望的失落，也是日常生活的挫敗。

西藏民族運動與非政府組織

格桑自學校畢業後即投入非政府組織，從事西藏民族運動及社會服務工作。移居印度十年來，參與眾多遊行示威與抗議行動。「我不是想我自己，如果我只想我自己，我會回西藏。我加入組織活動，也沒有想過因為加入組織而能回西藏。但是我想，如果我能夠做些事情，幫助目前還在西藏的藏人，當然我會去做。」事實上，格桑因為加入組織工作，在往後幾年母親重病時，試圖向中國駐印度大使館申請返鄉而遭否決。目前駐紮在印度協理西藏政經、社會事務的非政府組織為數眾多，以藏人政治性異議團體 9-10-3 前政治犯運動組織（The Gu-Chu-Sum Movement of Tibet）、西藏青年會（Tibetan Youth Congress）、自由西藏學生會（Students for a Free Tibet）、西藏婦女會（Tibetan Women Association）等為民族運動先鋒，同時輔以來自全球的國際發展機構，工作領域涵蓋基本生存的所有要件，包括教育、公衛、醫療、科技、基礎工程、環境、經濟、文化等。格桑曾參與規劃民眾劇場，那是一種走入社會底層向群眾學習及傳遞信念的社區型戲劇表演形式，帶著吉他、戲服和勇氣走遍印度大小鄉鎮與藏族屯墾區，只為了宣說西藏的苦難現況。這種草根式文化運動形塑了格桑這輩藏族青年的族群意識。「我在西藏的時候，不知道原來我們和中國是不一樣的，我以為是同一個，是中國的一部分。我爸媽或許知道一些故事、歷史真相，但因為不能講，所以我不知道真實情況，也沒有經歷過，不知道任何事情。如果看電視，看到中國和日本比賽，還會為中國加油『中國贏、我們贏、日本輸』。中國電視永遠上演日本是壞人、中國是好人。」這種具族群意識的區辨能力往往是在離開西藏後開始萌芽。事實上，藏人遠離家鄉多是為了個人目的如讀書、經濟等因素，許多人抱著走走轉轉的心情，計畫一些時日後便打道回鄉。然而，遠行成就了集體意識，正因為族群識別能力的提升，致使返鄉成為困難。

德蘭薩拉作為西藏與世界之間的節點，不僅表現在身體移動的遷移路徑上（西藏—印度—歐美），更是帶來啓蒙式思想轉變的精神意識煥發場所。藏人行政中心很重視青年學子的教育養分，除了設立各式獎學金提供求學機會外，每年六月學校放假前，達賴喇嘛固定會向藏族學生講經說法，從認識佛教、如何成為佛教徒的課程，到增長智慧的文殊菩薩心咒口傳，成為西藏宗教文化傳承的重要里程。官方也為青年規劃各種講座，針對政府組織、學生組織、議會制度等進行說明，期許藏族後輩了解行政系統運作的價值。報導人諾布是印度清奈大學英文系的學生，夢想將來能到紐約留學，學成後回到設立於班加羅的達賴喇嘛大學任教。諾布積極投入中央安排的訓練研習，參加為期五天的領導才能訓練工作坊，「我想這對申請獎學金會有幫助，而且我覺得年輕一代的西藏人漸漸忘記西藏仍在中國的管控中。」諾布談起和朋友相處時，發現朋友都只想努力賺錢或透過假結婚去西方國家，她認為錢很重要但不是生命的全部，因此透過參與社會活動讓自己的生活與西藏處境連結在一起。

官方積極推動政策性族群運動，民間非政府組織的社會運動類型更加多變靈活，且受到西方思潮下的運動戰略和發展模式所影響。在印度登記有案的西藏非政府組織，除了於第一線提供實質服務外，於第二線宣揚民族生存處境亦為核心工作價值。多數異議性團體都得到西方倡議組織的輔導與協助。每年西方組織會主動派員或由成員自發投入，與特定藏族機構合作進行組織策略訓練——傳授運動路線定位、宣傳操作法則，以及善用網路傳布訊息的運動形式——成為全球關心西藏議題的個人或群體集結。運用西方理解的語言和相應戰術來表達西藏苦難，使得西藏議題躋身國際討論之中，並且更加貼近西方世界。與此同時，移居海外的藏人籌組在地團體，在歐美國家發言聲援西藏或印度境內展開的各種抗議行動。在同一時間，單一議題於世界各地聚焦發聲，形成運動遍地開花的局面。這些民族運動的操作技巧來自全球力量的灌溉。當落腳德蘭薩拉的藏人個體以遷移到西方國家作為回應流亡苦難的生存方式時，藏族群體的民族意識則在一次又一次的抗議行動中，展現集體敘說與經驗重構的全球力量。

格桑參與的非政府組織在德蘭薩拉具有高知名度，吸引全球志工加入協助推動組織計畫。組織管理者帕渥曾主持個人工作室，並且經營報業，發行以藏文為主、中英文為輔的報紙，從季刊走向月刊、雙週刊，直到幾年後收刊。對帕渥而言，資訊透明傳遞所帶來的社會影響才是經過檢視的正義。「那時候（二〇〇〇年）有不同語言的報紙，但藏文報紙由政府發行，那是不夠的。在德蘭薩拉或許知道許多事情，知道報紙上刊登的消息哪些是錯誤的，但住在南印度的人就未必知道，問題就出在這裡。」相信媒體作為正義發言的媒介，一直是支撐帕渥前進的動力。帕渥與朋友合作發行的藏文報不僅出現在印度藏人社群中，也派送至尼泊爾甚至美國、瑞士的藏人聚集處。報紙以極為人工的手法運送。帕渥曾參與邊界的貨物走私，具有運輸管道的人際交情且熟稔管控檢查哨的運作，可透過人力與巴士將藏文報送進藏人社群。這個經驗讓帕渥在往後的自然生態與環境議題研究，以及社會服務組織的經營管理策略上，總保有強烈運動特質的社會參與理念，同時操作手段又柔軟有彈性。這種人格特質和倡議模式開展了許多令人驚豔的工作項目，像是共同食堂、飲水淨化等計畫。這些正是格桑所投入的社會生活，她在言談中是敬畏帕渥的，畢竟帕渥有能力讓國際人士走進組織辦公室說出「我可以幫什麼忙？」這句話。國際力量的投入帶來相互學習、經驗分享及思維啟發，一再提升了藏族組織與世界串連的溝通能力和運動策略。

文盲格桑的民族情感轉化

未能返鄉的格桑日常生活以族群工作為重心，舉凡抗議遊行、藏族服務、網路寫作等均可見其身影，向世界宣達藏族處境成了格桑的生存形式。與她對談的過程中，若涉及中國議題，她一定確認桌上的錄音筆正在運作。「有錄下來嗎？這很重要。」格桑無畏地說道。或許她早知道自己被中國列為黑名單，以至於申請返鄉成為不可能。「兩三年前，我祖母在拉薩看過別人送去播放的影片，我在裡面，他們（中國）知道我。」過去，格桑還能透過電話與家中長輩聯繫互道平安，但從二〇一二年開始，不知道什麼原因，家鄉的通訊系統便無法暢通，多數來自四川的藏人都無法藉由科技傳遞思念。格桑申請不到返鄉證明，只能透過臺灣朋友走訪中國時，繞道理塘家鄉拜訪親人與轉交信物，同時帶回母親的消息和照片，以療癒思鄉之情。在印度，這棟綠色水泥房二樓邊間的西曬辦公室，幾乎是格桑度過大半時光的地方。往來有許多長短期停留在德蘭薩拉的藏人和國際旅人，藏人來此學習國際語言（英語、法語、中文）或電腦技能，旅人則在這綠色空間裡提供無償勞務，追尋旅程或生命的價值感。格桑在這棟樓中結交世界各地的好朋友，且不斷透過自身經驗敘說來傳達民族理念。假若這是「文盲」格桑人生的偶然，那注定要帶來必然孤獨的結果。

認識格桑的西方人或藏人甚多，而格桑總是與他們保持禮貌的距離，不輕易越過界限往來，即使是一頓微不足道的晚餐，她也不受惠於人。某回，幾個朋友自作主張想要拉攏格桑與某位男性，找機會聚在一起吃飯，席間稀落地談話與飲食，時間一久，慢慢形成兩組人馬各自互動。會後，格桑與平措說要去大昭寺轉經，我與朋友則慢慢走回男主角經營的餐廳。行走中不斷收到格桑寄來的簡訊，她對聚會表示謝意，同時要求別透露聯絡資料。我回訊息解釋沒有她的同意，絕不會給任何人她的隱私資訊，當下我覺得自己蠢得要命，為何受人鼓吹安排這樣的聚會。人與人的相處並非外人認為合適就可以為伴，尤其格桑曾說：「結婚生育養小孩是很困難的，除非有很好的後援。我從來沒有想像過有個丈夫等我回家，現在沒有這個計畫，我一個人還可以做很多事。」格桑遷居印度十年來的生活方式，就是自己一個人打算。直到二〇〇七年平措來到印度，搬進格桑的小房間，才開始有了兩人的共同生活及相互依靠。

二〇一二年，平措再度離開。我曾在得知平措欲轉往歐洲時，問格桑想不想去西方國家。許多報導人嘗試尋找離開的機會，即使自己不再移動，也會為了下一代籌措遷移之需。若不是合法移民，那麼居間要交涉及裝備的條件更顯複雜，抹除自西藏離開後的印度記憶成為必要。「不！我要留在這裡。」格桑回答我的問題。那時我認為在我面前的是位堅強的女性，但就在平措遠行的當天晚上，我倆坐在床沿，我再次問她：「如果平措拿到身分，能夠把妳帶過去，妳要去嗎？」格桑默默地點頭。那一刻，我感受到格桑身為一個極度沈默的個體，因為充分瞭解自身限制而養成忍耐與節制，在禮貌的空間裡不停壓抑情感和欲望，但內心卻滿溢著孤獨感，這份孤獨感受到族群生存危難的封裝，以至於從未現身。一旦處於某個堡壘缺口瞬間開合的當下，真切期望的念頭便抵擋不住地現形。對我認識的格桑來說，這個靜默點頭應該是極不合宜的舉動。格桑離開家鄉十年來總是獨立生活，唯有與平措如同姐妹般地相互取暖，一旦這能散發微熅的依靠離開了，在異鄉生存的熱能也就頓失薪柴。於是，格桑只能轉身將所有的時間與氣力，持續投注在民族運動上。「藏人的故事是悲傷的，更悲傷的是，在西藏的藏人並不知道。」格桑描繪的正是自己認同轉化的孤獨經歷。在平措乘坐的巴士駛離的剎那，格桑猶如卡爾維諾（Italo Calvino）筆下在城市中遊走的旅人，瞬間老去，同時抵達旅途終點：「在夢想的城市裡，他正逢青春少年；抵達伊希多拉時，卻已經是個老人。廣場那頭，老人羣坐牆邊，看著年輕人來來去去；他和這些老人並坐在一起。欲望已經成為記憶。」[3]

第四章

生產與勞動

「工人在勞動中耗費的力量越多，他親手創造出來反對自身的、異己的對象世界的力量就越大，他本身、他的內部世界就越貧乏，歸他所有的東西就越少。工人把自己的生命投入對象；但現在這個生命已不再屬於他而屬於對象了。」[1]

自一九六〇年流亡藏人在邁索建立第一個據點開始，至今約莫五十個年頭。這段漫長的歲月可分成幾個不同階段。一九六〇年代是移居初期，當時屯墾區多為未開墾的山區林地，將那裡開發成適合人居之地是早期的重要任務：伐林、修路、建造寺院、學習各種基礎建置的相關技術（如電機、鐵工、通訊等）。這個時期也是積極籌組流亡行政中心的階段，分別設置了內政、外交、規劃、教育及宗教等相關部會，協助流亡藏人安居印度。一九七〇年代，流亡行政中心開始大量輔導成立各式合作社組織，並且發展學校及技職教育；無論是農業、工業或手工業的運作，皆透過合作社機制來推動產業發展。與此同時，流亡行政中心在政治上積極尋求各國支持，籲求各界重視藏人生存權利的呼聲和活動頻繁。一九八〇至九〇年代，首批移居印度之藏人的第二代已成年獨立，開始出外發展謀生。小型經濟產業成為此階段藏人在印度的生計模式，較具規模的餐飲業、因觀光刺激而興起的旅館民宿業、手工藝品販賣等蓬勃發展。藏人第二代多有合法的印度護照，個人流動相較於以往來得自由許多，個人職業選擇也隨之增加，如房地產交易、高科技產業等。

一九八〇年代以前，藏族與印度社群的互動多限於屯墾區周邊因生活之需而衍生的必要往來。然而，一九八〇年代以後，隨著讀書求學、個人經商等活動漸增，藏族與印度社群的關係愈趨緊密且深刻。儘管藏人在印度的經濟實力仍有著階層化的差異，多數流亡者普遍處於物質匱乏的狀態中，但由於國際支持者眾多——如因宗教而來的修行者、因觀光而至的旅人，以及因社會處境而施予的政經援助——使得藏人在印度的生活不像刻板印象中的難民模樣。此外，流亡藏人居停於城鄉發展和資源分配不均的邊緣山區城鎮，當地的印度山城居民對藏族經濟流轉豐沛的生活感到妒羨，使得流亡藏人與印度社群的關係充滿了張力。對於此「張力」的理解和描述，正可說明流亡藏人在印度五十年來的邊界生存經驗。

印南拜拉古比的經濟生產：農業與宗教交融

拜拉古比屯墾區位於印度科技大城班加羅的西南方，隸屬於卡納塔克邦（Karnataka），經濟生產型態為農業與宗教交融。卡納塔克邦是印度南方農業重鎮，有森林和農作田，是咖啡與香料等農產品的生產中心。拜拉古比的流亡藏人屯墾區於一九六〇年設立，初期共有六百六十六人定居。拜拉古比區域共有七個難民營區，是印度流亡藏人屯墾區中唯一命名為「難民營」之處，主要分布在貿易及交通樞紐——鄰近小鎮 **Kushalanagar** 左右兩側，以連結邁索的道路為分界。拜拉古比以農業為主要生產活動，耕種作物包括薑、胡椒、玉米、稻米、菸草等，以及家庭自用的各類蔬菜，如花椰菜、胡蘿蔔、豆類、瓜類等。由於屯墾區多為耕作地，地理景觀呈現開闊的農田形式，地勢自色拉（**Sera**）僧團區域[12]往西邊緩降，河流貫穿成為農耕灌溉用水。

相較於其他各國難民營界限清楚的空間形式——如位於泰國北方的緬甸甲良族（**Karen**）難民營，或一九八〇年代東南亞難民潮時期寓居於泰國的各國難民，生活在有著明顯營區標幟的空間中，營區幅員廣大，而接收國多以圍牆或自然地理界線（如山岳）來識別營區內外——印度南方的藏人屯墾區並無明顯的地理界線，標定區分藏人和印度人的生活空間。儘管如此，仍舊有一些自然界線可作為分界點，如從印度社群小鎮 **Kushalanagar** 往屯墾區方向前進時，會經過一座小橋，過了橋便進入尼瑪派寺院或第一營區，進而轉往色拉僧團區域，該小橋墩可作為劃分印度社群和藏人社群的空間界線標誌。拜拉古比屯墾區的生活可分為兩種類型：僧團僧侶的修行生活，以及一般藏族民眾的凡俗生活。僧眾修行場域和一般藏族居民生活空間，以一座嵌有宗教象徵物（鹿和法輪）的牌樓為界限；過了牌樓便進入僧侶生活領域，該區域內只有僧眾，少有凡俗藏人。整體來說，雖然拜拉古比屯墾區裡的社群空間區隔沒有清楚的地理界限，但仍可區分出印度社群、藏族凡俗社群及藏族僧眾社群三大盤據空間。

僧團日常經濟生活

藏人遷移印度後，南方屯墾區成為重建宗教象徵的處所，各大宗派皆在此復建寺院，拜拉古比成了中國藏區以外重要的藏人傳法修行場域。僧侶修行戒律和僧團運作規章是出家僧眾的行為準則，其作息依循修行學習而有著穩定的節奏。因應僧眾生活學習之需的各項設施，如學校、醫療所、僧寮等陸續設立。適齡的僧眾會在學校修習藏文、科學、數學等課業，待九年級課程結束後可選擇進入佛學院修習法典，或轉往藏人行政中心設置的教育制度或印度的教育系統。僧眾居住的僧寮依不同教派而有不盡相同的形式。寧瑪派僧院以共同居住的宿舍為其僧寮形式。色拉寺則以同鄉的家庭僧寮來凝聚域外情感，生活導師帶著年齡不一的弟子共同居住，同鄉是親屬關係之外的情感連結。在同鄉人共同生活的空間中，生活導師有責任照顧居住在僧寮內的大小僧眾，而大小僧眾也有責任要照應和服侍僧寮內的長者。

僧團除了依賴龐大的穩定捐款來維持團務，也運作小型的日常商業活動，如餐廳、菜攤、雜貨店、文具店、書店、旅館，或販賣修行相關用品，如貢香、除障草、法衣等。僧團經營各式商店不僅增加收入，也服務了戒律嚴格的僧眾，提供他們休憩空間並滿足採買日常所需。這些商店的服務對象主要是僧眾，具有解決內需的功能，少部分供給至拜拉古比學習的外國修行人，或投宿於僧團經營旅館的觀光客。僧團經營小商店的貨物大多是在鄰近小鎮 Kushalanagar 的市集採購，或從較遠的城市邁索採買運回。一些零星的農產品（如牛奶、蔬果）或書報刊物等，則有個別的印度商人會載著貨物至僧團區域販售。

凡俗藏人日常經濟生活

南方屯墾區的藏族家庭以務農為主，多有自己的農田或果園，少數經營餐廳。農業生產週期為每年四到五月開始耕種各類作物（如玉米、稻米等），九到十月收割，十一到十二月種植少許蔬菜，隔年一到三月為農閒季節，農家翻修土壤，讓土地休養生息，並利用這段時間種植些許全年生的作物，如薑、黑胡椒、椰子等。在非農忙時節，藏人行政中心農業部會舉辦各種農事訓練活動，派遣農業專家至拜拉古比各營區辦公室舉行工作坊，教導農人耕種技巧與製作有機堆肥等。農家所生產的蔬菜主要為自用農產，但因種類數量少，多數藏族家庭仍需向印度人購買蔬果，補足日常生活所需。藏族家庭飼養牛隻以取得牛奶，供應家中每日不可缺少的藏茶消耗。

除了初級農業耕作，拜拉古比各營區也有藏族家庭經營的餐飲店或小型商店，販賣雜貨、服飾、宗教器具、手工藝品等。每週有兩處市集：週二於印度小鎮 Kushalanagar 主要幹道兩旁，以及週四於第一營區的小型市集。兩市集以販賣蔬果為主。印度商人銷售初級農產品，小農兜售自家生產的農作，還有類似中盤商之人販售自鄰近地區小農收購的農產品。市集中的藏人則由北方城市如德里（**Delhi**）或遮普（**Jaipur**）的大型批發市場採購手工藝品、飾品、衣服、鞋子等，運回拜拉古比銷售。

凡俗藏人日常生活中有兩種經濟活動受到宗教信仰的影響：菸草栽種及肉品買賣。藏人的信仰規範中有不得沾染菸酒的戒律，使得種植菸草承受了宗教道德的質疑。因此，藏人將土地租給印度農人耕種，不僅收取租地費用，印度農人收割買賣菸草的利潤也部分回轉給藏人地主。藏人吃牛肉不吃豬肉的飲食習慣，除了受到過去高原生活肉類來源限制的影響外，還有一個宗教因素是精神領袖達賴喇嘛在藏曆木豬年出生，為了表達對其尊敬之意，藏人不食豬。此外，藏人行政中心基於環境保護、減少污染的緣故，勸導屯墾區內的藏人不要飼養雞隻，在捨棄大型養雞場這種高污染的生產後，藏人便少吃雞肉。藏人因宗教緣故不殺生，儘管家中飼養牛隻，也多只取用牛奶或將牛當作耕作動力來源，一旦牛隻衰老便轉賣給印度人。藏人食用牛肉，但不販售牛肉，大多由印度人定時開車運送肉品至屯墾區內。印度肉商不僅供應牛肉，也提供藏人因不飼養雞隻而無法自家生產的雞蛋。

印北德蘭薩拉的經濟生產：商業與宗教交融

德蘭薩拉依據山形在地理空間上分為上下德蘭薩拉，經濟生產型態為商業與宗教的交融。不同於南部屯墾區拜拉古比，德蘭薩拉的藏族社群和印度社群混居，兩者間並無明顯的分界指標。儘管地理上沒有明顯的社群分布界線，但隱約呈現一種族群分布樣貌：藏族（含僧眾及凡俗藏人）多聚集於上德蘭薩拉，印度社群多定居於下德蘭薩拉，而具有政治意義的藏人行政中心與圖書館則居於二者中間。藏傳佛教中極為重要的寺院大昭寺設立於此。近年來印度政府有計畫地推動觀光產業，德蘭薩拉因而成為北部山區重要的觀光重鎮。

德蘭薩拉是一座山城，以大昭寺為起點向上攀升，主要道路兩側皆為商家店面。在德蘭薩拉腹地小、密集度高的居住空間裡，民宅和各宗派佛學院、僧寮、學校、禪堂交錯林立，彼此沒有清楚的區隔界線。大昭寺和辯經學院為僧眾的修行中心，在學習時間以外，僧眾可依著修行作息自行調配行動。相較於拜拉古比，在此山城的僧眾行動較為自由，而德蘭薩拉的商業活動頻繁，可供僧眾休憩的商家也較多。南北屯墾區產業型態的差異，使得北部屯墾區的修行氣氛不似南部那般嚴肅凝重，即使莊嚴氛圍依舊，但周邊的商業活動相對沖淡了不少修行的安靜味道。由於商業活動蓬勃，取得各種生活物質資源的外在條件較為完備，德蘭薩拉僧團經營的各式雜貨餐飲店，在形式和運作上皆遠較拜拉古比僧團的經營來得有規模。經營形式屬於在商業區中的店家，而經營管理者為僧團。服務對象不侷限於僧眾，還包括在此定居的印度社群、藏族人、修行者及觀光客。

德蘭薩拉屯墾區為印度人和藏人混居之地，街道景象多變混雜。山區生活未完全脫離農牧業，而鄰近的印度村莊也以農耕為主，所以德蘭薩拉呈現商業與農業的交融，視覺上是多色彩和多物種的生活調性。觀光產業是該區十分重要的經濟活動，為了因應蓬勃發展的觀光事業，區域內布滿了餐廳、旅館、手工藝品店及登山旅行社等。印度人稱山城中心巴士站為McLeodganj，是藏族人生活圈的核心區域，因連結大昭寺而具有宗教性，而此區域的經濟活動十分活絡，且是北部藏人政治活動倡議及宣傳的中心。

McLeodganj的主要幹道上全是商家，有三種經營形式：一、有店面的商家，經營者包括藏人和印度人，這些供應生活所需的商店包羅萬象，涵蓋餐廳、旅館、雜貨店、蔬果店、手工藝品店、書店、超市、旅行社等；二、無店面的擺攤商家，九〇％由藏人所經營，主要銷售毛料製品（如毛衣、圍巾、毛毯等），或是極具藏族特色的手工藝品、宗教相關產品（如達賴喇嘛照片、傳法錄音帶等）；三、流動零售者，以印度農人兜售水果和蔬菜，藏人販售小籠包（momo，藏族主食之一）、糌粑等食物為大宗。

經營商店的藏人必須向藏人行政中心社會福利部的家庭事務單位登記，取得合法的經營執照，營業證核發每次以五年為期，期滿得續發證件。擺攤的藏人從德里或遮普批貨上山，也有同行之間相互批發，或購買材料自己縫製。藏人商店或攤販的主要客層為觀光客及藏人本身，其中又以餐廳、旅館或販售手工藝品、宗教飾品、器具為多，不像印度人經營的商店較為全面。

在德蘭薩拉，藏人的生活十分依賴印度社群。藏族家庭並不生產農產品，得仰賴鄰近村莊的印度農人，或是靠印度中盤商從山下運到山上。大昭寺兩旁的蔬菜攤、前往印度村莊 **Bashu** 途中的公有菜市場、商業區內的蔬果商店等，皆為印度人所經營。在山上，瓦斯是十分昂貴的燃料，多數藏族家庭仍以燒柴煮食。瓦斯運送到山上算是城裡的大事，報導人說：「如果哪天要換瓦斯，那一天除了買瓦斯之外，其他事情都不用做了。」購買瓦斯必須持有瓦斯證，文件上標注換瓦斯的日期，間隔時間太短或太長都可能被取消證件資格。然而，合法取得證件極其困難，如同專業證照租借一般，在印度「租」瓦斯證成為熱門生意。某回，一位德高望重的仁波切丟了背包，他心裡著急的不是財物損失，而是瓦斯證遺失的麻煩。滿載橘色瓦斯桶的印度瓦斯公司卡車進入市街後，要換瓦斯的藏人擠在卡車旁，手持票券換新瓦斯。每當站立在卡車上的印度工人，將瓦斯桶自卡車頂端單手扛向簇擁的人潮時，卡車旁的人群就會一陣騷動。買瓦斯花時間、費力氣且價格高，但方便而可不受停電斷炊之苦，是瓦斯使用者的內心感受。一旦天候不佳或印度工人罷工，山上瓦斯用戶就面臨等不到瓦斯的苦境。對於以餐飲業維生的藏人來說，印度社群掌握了生活必需品如農產品、瓦斯等，牽制著他們的經濟生活。

觀光業除了帶動民宿、餐廳、旅行社的發展，也讓一個與德蘭薩拉的宗教氛圍息息相關的產業興起——靈修課程。靈修課程並非藏傳佛教的專有產物，印度宗教也會透過各種身體修煉來追求靈性昇華，如瑜珈、坐禪及觀想等。德蘭薩拉以藏傳佛教加上印度系統的靈性修煉，吸引全世界各地的修行者或短期旅人到此學習。這個商業和宗教並存的小鎮，聚集了為數不少的西方觀光客，近年來韓國觀光客也日益增多。當觀光客到此遊歷時，除了欣賞風景名勝、爬山健行，也藉由長短期的靈修課程感受德蘭薩拉的宗教氣息。

合作社事業

南北兩大流亡藏人屯墾區中，還有一項非常重要的經濟生產活動：合作社事業。一九五九年，藏人離開家鄉至印度定居謀生；一九六二年，流亡行政中心於南北兩大屯墾區設立合作社，協助藏人增加收入以穩定經濟生活。早期合作社事業以婦女為主要組成分子，隨著時序演進，不同性別與專才的藏人紛紛投身於各種合作社組織。發展至今，南北屯墾區的合作社具有相異面貌，主要是兩地不同的經濟生產方式導致不一樣的發展走向。南部拜拉古比以初級農產及加工產業為中心，北部德蘭薩拉則以手工藝品加工為主軸。各營區行政辦公室皆設有合作社單位，提供營區內藏人工作機會。雖然合作社具有互助性質，但仍屬於營利單位，行政上隸屬流亡行政中心家庭部門，其下設置的各營區辦公室則由福利部主管。合作社業務與福利部事務清楚分割，在既有的營運項目獲利中，並不規劃部分利潤回饋於社會福利工作，僅依不同目的將所得納入合作事業運作，或回饋給流亡行政中心支持相關社會運動。

南部屯墾區：初級農產及加工產業為中心

南部屯墾區拜拉古比的合作社業務包含製香廠、機具修理廠、製磚廠、雜貨店、玉米工廠、地毯工廠、有機農業、將佛經電子化的電腦班等。大部分業務的服務對象以屯墾區居民及僧眾為主。製香廠所生產的香僅供屯墾區內的寺院訂購，由於使用量大，故生產量高且穩定；機具修理廠擔負屯墾區內寺院或農民的農業生產工具維修工作；製磚廠提供屯墾區內房舍改建的建築材料；雜貨店則供給屯墾區內的藏人或僧眾日常生活所需。由此可見「解決內需」的功能性極高。

玉米工廠、地毯工廠及有機農業的經營模式則不同於支應內需的生產型態。拜拉古比初級農產品的生產以玉米為大宗，合作社收購屯墾區內農民所栽植的玉米，加工後統一外銷至鄰近的大城市如邁索。玉米的統一收購價格為一袋四百九十五盧比，除了收購價之外，合作社會依市場銷售價格的獲利回饋給合作的農民，若價格穩定，每一袋的回饋利潤約五盧比。外銷對象以印度社群為主，外銷的玉米通常作為飼料，供應印度社群的畜牧業發展。玉米種植相較於其他作物來得容易，且所需要的勞動力較少，所以農人栽種玉米的成本較低。對加入合作社體制的農人來說，儘管合作社收購的利潤會因為市場價格波動而有所不同，但合作社的收購價格有一定的保障，較無須擔心市場價格過低而造成虧損，可免除完全受市場經濟刻意哄抬或壓抑價格的影響。

流亡行政中心為回應全球環境變遷議題，提出保護環境以達永續發展的政策，各合作社或相關福利事業執行計畫的審核原則中，便包含了「是否對環境造成威脅」的項目。環境保護政策下達各屯墾區後，近年來屯墾區內持續推廣有機農業，透過各種訓練活動及經費支持來協助農民。受合作社輔導轉作有機農產的農民，以栽種薑和香蕉為大宗，有固定的印度中盤商會到屯墾區農場收購農產品，外銷給屯墾區外的印度社群。另一項合作社大力推廣的有機產業是有機肥製作與銷售，合作社透過訓練工作協助農民製作堆肥，提供屯墾區內其他有意願轉作有機生產的農民使用。在南部屯墾區裡，除了特定有機農產品由印度商人收購外，其餘有機產業的運作仍以藏人內需為核心。就維持邊緣族群生存的經濟生產來說，南部屯墾區的合作社經營完整呈現了互助合作的價值。在有機產業中，合作社的角色主要為輔導和推廣，並不直接介入市場交易——不像其他合作社事業（如製香廠、製磚廠或玉米收購），合作社居於市場和生產者之間，直接協助參與的工人或農民進行市場談判和交易——有興趣轉作有機的農民皆有機會參與合作社所舉辦的各項訓練活動。有趣的是，在有機農作的推廣中，印度社群的專業知識成為推廣有機農業的最大助力，多數訓練組織或訓練人員來自印度機構，藏族合作社在有機農業的運作上十分依賴印度組織的技術和經驗支持。

地毯工廠是最能展現南部屯墾區合作社如何受市場波動影響的合作事業。地毯是長期在高原環境下生存的藏人重要的保暖物件，因而發展出精緻的編織技術。合作社經營的地毯工廠主要產品為毛製品，花色圖樣多為藏族生活故事、傳說及宗教象徵。訂製地毯以藏人居多，間有印度觀光客或商家訂購，早期的營運十分順利且利潤尚高。然而近年來，印度地毯工廠興起且不斷改良材料及花色，除了毛製產品外，更開發棉製地毯以適應印度溼熱的環境，在圖樣設計上也以現代感為走向。這樣的轉變直接衝擊藏族社群的地毯合作事業。內需的人口或市場已然飽和（藏人更換地毯的速度是以「一輩子」為計算單位，分家時才會購買新地毯），外銷印度社群的管道又受到印度工廠大量生產機制的阻礙，使得屯墾區內的工廠呈現快速萎縮甚而停業的狀態。

南部合作社對工作人員的僱用以公開招募為原則。然而，合作社產業類別不多且職缺有限，除了農產品採行與農民合作的方式運作外，其餘產業（如機具修理廠、製香廠等）皆屬於公職，有固定的工人及工作天數。另外，亦有案件計酬的產業類別，如將佛經電子化的電腦班，但各個營區都僅有十名工作機會。地毯編織也屬這類，多數婦女選擇加入地毯合作社，除了在地毯工廠裡製作外，若家中有編織機具，婦女也會在家中生產，當作增加家庭收入的副業；但地毯市場萎縮，使得婦女參與地毯編織的副業被迫中斷。僧多粥少是南部屯墾區合作社人力運用上最大的限制。在利潤分配方面，除了固定薪資與按件計酬工資外，合作社事業盈餘多用在耗材成本上；而初級農業生產受限於自然環境，合作社事業盈餘也用來補貼天災造成的損失。

北部屯墾區：手工藝品加工為主軸

北部屯墾區德蘭薩拉觀光事業發達、商業活動頻繁，此區域的合作社經營以手工藝品加工為主軸。合作事業主要分為兩個體系：隸屬於流亡行政中心的公家單位，以及自公營轉為民營的獨立經營合作社事業。自一九六〇年代起，德蘭薩拉的合作社事業發展方向便以手工藝品生產為主，一方面是受限於地理條件，無耕地可發展初級農產品，另一方面則是距離首都較近，貨物運送距離較短。直至今日，公營單位尚保留兩個生產營運中心：西藏兒童村及西藏手工藝品合作社。

西藏兒童村為達賴喇嘛的姐姐才仁卓瑪（Tsering Droma）所規劃的學校系統，結合了文化、教育及產業發展，分支非常多元，包括托兒所、日托學校及主要學校。[3]這個體系既是教育單位，也是職業訓練中心。除了讓學童學習手工藝品製作外，也在德蘭薩拉主要市街上開設店面，販售地毯、衣服、法器等製品。西藏手工藝品合作社隸屬於流亡行政中心家庭部門，合作社除了提供長期穩定的工作機會外，也提供相關社會福利和老人住宅等；截至二〇〇七年，已有退休員工約一百五十名。西藏手工藝品合作社的生產工廠分為地毯和裁縫兩大項目，兩工廠雇工各約十五名不分性別的藏人，展售中心販賣的各類手工藝品多由西藏兒童村供應。在利潤分配方面，約四〇—五〇%用來維持合作社運作、購買材料等；二五%支持流亡行政中心推動社會運動；二〇%屬於員工紅利；一〇%納入員工子女教育基金；另外的五%則規劃為老人年金。在流亡行政中心的支持下，北部地區公營合作社有計畫地分配利潤，其中近半數作為社會福利之用。

流亡行政中心從一九六〇年代開始輔導支持眾多合作社事業，協助移居印度的藏人建立穩定的生活。然而，合作社的經營並非毫無困難。為了加強合作社產品能外銷到印度社群，以提升銷售量，南方數個合作社在一九七六年於班加羅成立CONTACK外貿公司，期待透過外貿公司的經營拓展銷售市場。直至一九八〇年代，早期維繫藏人生存的合作社事業面臨考驗，無論在產品製作、銷售通路或產值獲利上都存在困境。一九八五年，西藏流亡社區合作社秘書長於拜拉古比舉辦大會，研討合作社的困難與解決方法。直至二〇〇三年，肩負著廣大流亡藏人經濟生活重任的合作社產業由公營轉為民營。

德蘭薩拉除了西藏兒童村和西藏手工藝品合作社仍維持公營外，其餘約莫三家手工藝品合作社皆已轉為民營事業，既有的訓練、體制、房舍、材料及產品仍可延用，但經營盈虧轉為自行負擔。在後援系統撤離的狀況下，多數合作社改變經營方式，雖依舊保留產品展示銷售中心，但給薪人力降到最低。轉為民營的手工藝品合作社照常營運，產品製作與銷售之間也沒有太多阻礙，最大的差異在於重新規範了合作社社員的參與形式。過去合作社運作模式保證參與社員的工作和薪資，由於工作具保障，所以參與人數受到限制。如今轉為民營事業後，合作社社員依然具有會員資格，但產品展示中心採取論件計酬，加上轉型後不擔負社員福利，因而意外擴大了合作社社員的參與人數。這使得合作社不但是經濟流動的基礎，也成為藏族情感與民族事務交流的場所。為了因應民營化的合作社發展，許多合作社轉變成為訓練中心，提供區域內合適者相關的職業訓練，但不提供工作機會，也就不承擔社員的薪資與出路。西藏婦女手工藝品合作社便轉成訓練中心，在觀光活動盛行的北印度屯墾區教授英文或產品開發等，協助婦女累積自身與外國觀光客對應的資本。

翻轉難民刻板形象的經濟差異

英國人類學家普洛斯特（Andrey Prost）曾以「富裕的難民」[4]來描繪流亡藏人目前在印度的生活處境，指出流亡藏人透過藏傳佛教的宗教傳播以及難民身分，建構出代表西藏文化的再現形式，這種「再現」吸引了外國人至屯墾區修行、學習及觀光。流亡藏人的神聖性（虔信宗教）和凡俗感（流離生活），吸納了為數眾多的非藏人前往屯墾區，在此過程中創造出許多經濟互動，如因應觀光業發展而興起的民宿、餐飲、手工藝品市場等，或者發展成為資助關係，提供資金支持個人或僧院。這一切在信仰與道德之外創造了資本市場中的交換價值（即金錢的累積和流動），而這正是流亡藏人與印度社群共同生活的經濟衝突來源。

印度南部的卡納塔克邦率先響應尼赫魯總理對流亡藏人的安置。該邦的經濟生產以農牧為主，相對來說經濟產值較低，尤其森林地帶的開發受到極大的自然限制。整體而論，卡納塔克邦的經濟發展和生活條件屬於低度發展的狀態。當流亡藏人遷移至此，為求安居自然成為土地開墾和農作栽植的當然勞動力。然而，五十餘年來，第一代隨著達賴喇嘛遷移至印度且分配取得田產房舍的藏人，其經濟優勢漸漸與落腳地邊陲的印度人形成差距。即使流亡藏人生活需求依賴印度社群，但其生活圈所創造的經濟流動呈現快速蓬勃的面貌。隨著族群經濟穩定發展，流亡藏人在印度的勞動情況逐漸改變。一方面，流亡藏人開發印度偏遠山區，嘉惠山區周邊的經濟活動並提高經濟產值；另一方面，在印度南北屯墾區中，藏人擁有耕種土地或商業資本而成為生產工具的管理者，勞動力則由印度人填補。於是，衍生了勞動反轉的現象。南部拜拉古比屯墾區周邊村落的印度人，向流亡藏人租用土地種植農作；或者，由藏人管理土地運用方式、決定耕作的項目及調控時節，然後聘僱印度人為其工作；農忙季節在流亡藏人屯墾區農地中現身的是印度人。北部德蘭薩拉屯墾區的藏族商家則聘用印度人為小廝，掌管廚房、跑堂、看管店面、做建築工等初級勞動；遊走在屯墾區村莊裡的苦力是印度人。流亡藏人提供工作機會給貧窮區的印度人，印度人成為支撐藏人經濟穩定成長的重要勞動力來源，印藏社群之間的經濟生產活動呈現相互依賴的面貌。

> 印度小廝衝進餐廳，一溜煙就往廚房裡頭鑽。黝黑瘦小的印度小廝沒有說話，趕忙圍上圍裙、拿起鍋鏟，看著貼在牆壁上的點單。西藏媽媽以印藏夾雜的語言大聲對印度小廝說話，廚房裡傳來雙方的叫吼聲。坐在外頭約莫十來個觀光客面面相覷，正在用餐的人加速咀嚼，尚未用餐者則將眼光移往窗外。叫吼聲未歇，藏媽媽從廚房移出至外廳，所有人都愣在當下，不敢作聲。藏媽媽沒有削減任何心中的怒氣，改用英文大聲昭告方才廚房裡發生的事情：

「現在都幾點了才來上工，如果不高興做就不要來！我還是找得到另一個很乖的印度人。」

那個「很乖的印度小廝」正端著藏奶茶，從廚房口冒了出來。西方人用英文勸藏媽媽：「不要生氣，這樣妳做的菜會不好吃。」藏媽媽一聽更氣：「你有什麼權力管我跟他的事情，我是這裡的老闆，他就是要聽我的吩咐。這本來就是工作時間，我只是要求工作準時。」

西方人不停地安撫和勸告，以完成他心目中所謂的和諧：「妳要想想他工作時間那麼長，沒有休息，偶而休息一下也沒有錯啊！」

藏媽媽：「你說什麼？他沒有休息，我是這裡的老闆，我都沒有休息了，他何來休息。」

西方人：「那他都已經回來了，妳罵他也沒有用。妳這樣生氣，煮的菜會不好吃，客人也不會來。」

藏媽媽：「如果你不想吃，你可以現在馬上出去，我不需要你這樣的客人。」

西方人：「我沒有說不想吃，我只是告訴妳，妳這樣生氣，東西會不好吃。」

藏媽媽：「你現在馬上出去，出去，出去。」

那兩個西方人在藏媽媽嚴厲的命令、指著大門的手勢和眾人訝異的表情下離開了餐廳。藏媽媽旋即掉下了眼淚，很受委曲的樣子，回到櫃檯，拿起念珠轉動著且口中念念有詞，望著牆上達賴喇嘛的照片低頭掉淚。

上述我在印度生活中遇見的勞動衝突場景，不僅標誌勞動過程中的經濟位階，也突顯經濟流動裡的族群差異。印度流亡藏人屯墾區中，印度人和藏人的勞動力分配翻轉了這種說法：難民族群依附於流亡地社群，成為流亡國家的初級勞動力或非法勞動力來源。若依照馬克思的論點，[5] 流亡藏人掌握生產工具（如農地和資本），成了印度經濟活動中握有權力的階級。這樣的現象翻轉了相關論述：移民或移工在移居地的經濟生存位於受制者之勞動位置。報導人所說「我們藏人不做廚房裡的工作」，瞬間拉開了藏族和印度社群的差異，突顯二者的經濟權力、階級和資本的懸殊。涂爾幹（Emile Durkheim）認為社會群體主要依循「經濟關係」和「個體勞動力交換及生產」兩個面向來維繫個人的生活形式，同時社會生活源於「意識的相似性」和「勞動力區分」。[6] 勞動力區分構成了印藏族群經濟生活的辨識度，此區分在涂爾幹的論述裡，不但藉由宗教強化了集體生活形式，同時凝聚集體情感。透過經濟生產形式引發的集體情緒，正是族群文化的再現路徑。

然而，藏族社群內部的生活樣貌亦存在著階級差異，使得族群經濟生產呈現兩極化現象。一端為掌握印度邊陲小城經濟資源的藏人家族，此階層多為跟隨達賴喇嘛遷移至印度的第一代流亡藏人，他們手中多持有土地、房舍且多取得印度身分，並在流亡政治體系中占有不可或缺的發言位置；另一端則是隨後五十餘年來，陸續抵達印度的流亡個體戶，他們隻身從西藏家鄉來到印度，落腳初期多依靠同鄉親友。因為受限於身分合法性且缺乏工作機會，藏人社群內部的失業率極高，成了流亡行政中心近年來格外關注的生活議題。流亡藏人有著各種內外部生存條件的差異，因而在經濟生活的光譜中勾勒出許多極具衝突性的生存模式，諸如仰賴西方資助者的支持、僧團的財產流動、藏族黑工、邊界走私等。[7]而試圖尋找跳機西方的機會，也成了流亡藏人擺脫經濟困境的策略之一。

印藏勞動力交換中的文化張力

印藏經濟活動的衝突表現在日常生活之中，同時帶出勞動力區分和身分差異的議題，而宗教成了緩解衝突並帶來撫慰的力量。印藏的矛盾除了反映出位階的衝突，也呈現了雙方文化資本的歧異。布赫迪厄（Pierre Bourdieu）指出文化象徵資本其實是經濟資本交換的核心，[8] 其中所產生的權力糾結更甚於經濟資源，因此經濟資源其實是一種對於交換的誤認。屯墾區藏人的經濟條件相較於周邊印度社群顯得優渥，然而財富調度累積的背後實則為宗教信仰的吸引力，以及身為難民所勾連出的道德責任意義——加速旁觀的外國人透過各種經濟支援（如寺院供養、社會服務捐款、藏族商家消費、資助關係等），協助流亡藏人穩定生活，以完成立基於悲憫情懷的互動。以資助關係而言，當純粹或中性的情感流動帶來經濟交換行為時，在文化操演的概念中便立即脫離悲憫情緒的澄明，落入交換的政治性。報導人說：「不是只有僧眾在找功德主，一般藏人都在找功德主。」藏人不但透過農業和商業活動穩定經濟發展，更藉由資助關係拉開了與印度社群之間經濟實力的距離。流亡藏人經濟生產所帶來的不只是金錢，還有隱藏其後的文化資本，而後者正是對印度社群最大的衝擊。印藏社群對於日益發展的觀光事業持有不同的民族情緒。各國旅人遠赴印度追尋西藏文化，印度人對此感到不滿：「這裡是印度，觀光客是來印度還是來西藏？」而藏人則以隱性主人之姿說道：「印度人來德蘭薩拉觀光很好，有機會讓印度人接觸佛法，繞繞大塔也很好。雖然這裡沒有大力發展觀光的條件，但是可以讓印度人知道生活不只是為了錢。」地方主權、生活價值、共存狀態等因素，使得印藏雙方有如同極磁鐵受外力所迫，不得不彼此依存但相互排斥地生活著。

印藏間的經濟差距呼應了涂爾幹所提出經濟交換、勞動力區分影響著社會意識的衝擊性。印度報導人說：「藏人不是難民嗎？為什麼他們越來越有錢，而且還比我們有錢。」當印度社群拋出具族群意識的物質生產時，藏人則以身為無家可歸的難民處境和佛教信仰真義的精神生產來回應。兩者如同平行線，不斷地在自身條件中採取各種行動，企圖壓抑對方的優勢。生存形式相互箝制的糾結，使得印度社群回過頭來以政治權力解決經濟問題，試圖抑制流亡藏人在印度的文化資本累積。二〇〇七年，當我落腳於印度德里西藏難民村的小旅館時，某日旅社僱用的印度小廝急切敲門進房，朝著擺放映像管電視機的小茶几方向念念有詞。

旅館工作人員正將電視搬開，我很訝異他知道那臺電視螢幕很模糊，我還沒來得及發話，這印度門房先說：「整個旅館都一樣。」我再一次驚訝地想，如果整個旅館的電視螢幕都模糊的話，應該不是電視的問題，而是天線的狀況。門房搬完了電視繼續搬電話，我說：「不行啊！我朋友會打電話給我。」樓下負責營運管理的藏族小夥子聽見我與印度門房的對話，上樓解釋印度警察通令德里藏人村所有的旅館都不可以有電視和電話，一旦被查到就要罰五萬盧比。我問原因，旅館小夥子說印度政府要把藏人村清掉，因為這是「難民營」。同時一再告誡我，如果警察盤問，一定要說旅館沒有收錢，我只是來住幾天就要離開，任何費用皆是我給寺院的捐獻。「donation、donation」旅館小夥子一直強調。

流亡藏人屯墾區裡大小生意都受到印度社群的管控，其中最具力道的箝制力量是警察。當警察上門來盤查，提出各種要求規範時，流亡藏人大多只能遵守，而「服從印度警察」的決議，往往由流亡藏人社群集體開會商議而成。「我們就是因為沒有自己的國家，在印度，警察說什麼就是什麼，我們沒有理由不照辦，如果不照辦，他們就會說我們是在印度。」印度人削弱藏族經濟勢力的方法是直搗族群身分核心，直接碰觸藏族於印度生存的合法性，此根本議題使得藏人在經濟優勢中選擇退讓，以減緩資本權力的差距。流亡藏人為了保有在印度的生存空間，南部屯墾區農業合作社、北部屯墾區合法商家皆須向印度政府繳納稅金。二〇〇六年我在南印度田野期間，發生了外國人因為無法出示許可證[9]而被拉進警察局的事件。二〇〇七年，印度首都德里藏人村的旅館卸下了招牌，沒有房號，取而代之的是供旅客按圖尋房的蘋果、香蕉等符號。印度警察不斷盤問在僧院旅館出沒的外國人是否取得入營許可，若非法入營將連坐處罰收留外國人的僧院。這一連串取締非法或新設規矩的行動，背後潛藏著經濟利益的衝突。印藏間的經濟交換充滿了政治煙硝和身分識別的複雜性，不僅表現在經濟交易上，更涉及交換過程中族群之間的連結關係。這種既競爭又依賴的社會關係產生了強烈的集體情緒，形塑著個人和族群的社會生存樣貌，展露出社會關係中的身分差異和認同。

第五章

暗黑經濟

「夜晚在他們精神上布下了黑暗，卻在我的頭腦裡放射著光明。同樣事物在不同人中引起了截然相反的效果。這樣的事雖然並不稀奇，可我對此還總是感到恐怖不安。」[1]

二〇一一年一月二十九日，《印度時報》（*Times of India*）報導印度警方搜索距德蘭薩拉三十分鐘車程的上密院（即第十七世大寶法王駐所），查扣約一百三十萬美金（另一說法為一百六十萬美金）的疑似非法資金；警方發現大寶法王寺院擁有大量的外幣儲金，除了美元外，尚有澳幣、英鎊、人民幣及新加坡幣。印度警方對媒體表示，將追查這些大量外幣的來源，深究集資過程是否涉及非法途徑（如洗錢）或違反申報規定。查扣資金中包含龐大的人民幣現鈔，因而強烈懷疑大寶法王寺院為中國組織的一部分，受中國政府吸納並執行間諜任務，此舉嚴重威脅印度邊防，為了確保印度國土邊界的安全，印度警察有必要針對大寶法王寺院的資金累積進行調查。印度警方的搜查行動與媒體報導陸續傳出後，大寶法王及達賴喇嘛所屬寺院均對此事發表聲明，強調寺院的金錢來自世界各國信眾的捐獻，金額與用途都清楚載明，而且寺院裡的每一分子都是出家人，不會也不能利用非法途徑累積金錢。爾後，整個案件隨即進入法院審理程序，二〇一一年十一月八日，法院起訴大寶法王等八人非法持有大量資金、非法買賣土地等罪狀；全案於二〇一二年二月相繼開庭，約於同年五月間，印度法院判定大寶法王無罪，退還扣押現金，全案終結。

在藏人屯墾區裡，大夥都把這則新聞視為不可思議的笑話，沒有人主動談起，也未曾質疑大寶法王或寺院握有大量財富。即使說起這個事件，也多認定幕後有高人指點，不排除為中國政府搬弄是非，試圖從寺院著手製造西藏流亡社群的內部緊張。更有人認為這是印度政府和警方聯手的清查行動，目的是覬覦寺院財庫。由於寺院擁有過多外幣而引發爭議，在印度警方搜索行動後，寺院紛紛貼出公告呼籲信眾以印度盧比捐獻，而非使用捐款者的本國貨幣，以避免因持有過多外幣而衍生困擾。然而，該事件除了偶而在報章媒體上出現，從來都不是藏人社群焦慮的話題，沒有人在意此罪案的發展進度。「會解決的啦！不就是錢的問題。」藏人朋友語帶曖昧地回應大寶法王持有外幣的案件，不談資金累積的合法性問題，而是直指核心地點出「金錢」的本質——無限追求累積的欲念。

還俗札西的諸多「第一次」

我對於財富的欲求向來處在兩難的情緒中，雖渴望著物質條件豐厚，但內心總有個極其細微的聲音悠悠地說：「夠用就好！」彷彿身體裡有個幽靈，以務實、不非分冀求的口吻安慰著並不寬裕的生活。結束田野日子後，總停留在德里西藏難民村的小旅館裡，等待即將乘坐返鄉的飛機。「回家」同樣存在著如資產累積般的掙扎：一旦離開旋即懷念起家鄉風景，希冀時間以倍數之姿流轉終抵返航時刻；然而，歸鄉返抵一直欲想的溫暖懷抱後，卻又立刻萌生遠離的念頭，如此反覆挑撥著自己對家的想像以及對情感溫度的質疑。從山區下移至海平面高度，氣溫溼熱和空氣污染令人難耐，對於城市的喧囂感到煩躁，彷彿先前的日子盡是靜謐地活著。此時，內心那只幽靈又跳出來說話：「這不就是尋常的樣子嘛！」在欲望不斷受打擊的失落中，下山後的身體微微發燒了起來。頭痛發脹，沒有心思出門閒晃，只想找個安靜地方喝一碗湯，於是依著記憶走在難民村巷弄間。這無名的通道實為屋間的防火巷，沒有排水溝，使得家庭廢水毫不遮掩地漫溢於邊角碎裂的水泥和褐色土沙混雜的廊道上。蜿蜒繞到河邊，薩迦僧院臨著河經營民宿和餐館，有個戶外小陽臺讓人坐著喝茶、抽煙、看二十公尺對岸印度貧戶遊民的河岸生活。低矮的草房傍河而建，洗衣煮飯全仰賴呈現土黃色的混濁河水，讓人分不清晾掛在樹梢上的印度紗麗是本就無色彩，還是因河水而暗沈。環境色調灰撲撲的，我獨自坐著休息，空等待時間流逝，沈默地安撫著發燙的身體，以及急切但恐懼回家的情感。在某個不經意的時刻，身旁坐了個年輕小伙子，眼角餘光感到對方直盯著我，由於自己從來就不是那種受人注目的材料，於是帶著詢問的眼神轉向這名藏族青年。一時半刻只覺得眼熟，腦袋如同圖書館舊式書目卡片快速翻動，試圖過濾人際交往名單與互動事件場景，但卻搜尋不到眼前這位熟悉陌生人被歸納的分類項目，而懊惱起自己的大腦皺摺刻痕不夠深切。「我覺得我認識你，但是我不知道在哪裡看過？」我問對方。「你忘記啦，我幫你串過佛珠。」藏族青年回答。「啊！」兩個人瞬間張口大叫，頻頻點頭稱是。二〇〇五年夏天，我在南印度拜拉古比認識札西。

札西本是色拉寺的僧侶，在僧團經營的雜貨店裡工作，賣些僧眾需要的日常用品，偶而兼做外國旅客的生意。我第一次與札西接觸，源於一包滾筒衛生紙和印度香料口味的樂事洋芋片，那是我深夜抵達僧團小旅館、挨過第一個無眠夜後的濕涼清晨。拖著一天一夜舟車勞頓的疲憊，現身在小旅館側邊的雜貨店，囁囁嚅嚅地詢問出門時忘記打包的滴漏式咖啡濾紙，明知不可為而為之的後果是，非但得不到自己想要的，反而花太多時間與氣力解釋滴漏式咖啡濾紙的用途、顏色、形狀，以及關於早晨第一杯咖啡的人生意義。爾後事實證明，我幾近強迫症似地在山區或偏遠林地裡尋找咖啡濾紙。札西見我沮喪的神情，建議喝一杯印度甜奶茶醒腦，而且一定要吃印度綜合香料味道的洋芋片，「吃了精神都來了！」他眉飛色舞如同廣告明星般地演出前後對照模樣，我大笑時腦袋便清醒了。雖然我不將洋芋片視為早餐，但還是買了札西推薦的零食。相處一段時日後，札西以他精巧的手作技術串了一條檀香木佛珠，給我時說：「喝不到咖啡就聞聞這味道吧！」

在顧店之餘，札西還有另一個身分——在僧團行政管理部門專責「送錢」的任務。這不是件容易的差事，尤其處在毫無章法的印度和金錢本質的欲念之間。對僧侶而言，把持操守是修行的基礎，佛家重要的功課乃明晰因欲望而動搖的自心本性，這不是說不能有想望，而是在念頭生起時能洞察妄念如何操弄自己的慣性思維與行動，破除慣習便成了修行場中的實踐操練。札西的確重重地打破慣性，他出手中止了依附僧團的生活形式，還俗回身成為凡俗人。

「後悔還俗嗎？」

「後悔有什麼用？」

「所以……這樣是……？」

「如果不後悔，我會說這些嗎？但是，現在想回去也回不去了……。」

札西八歲出家，還俗時二十二歲。

札西逃亡兩次且都發生在八歲時。他的家鄉在青海木珠兒，因為在街上聽見大人談起印度的好，於是興起念頭離開家鄉。他沒有與家裡的人商量，自己偷偷跟著另外十五個人爬兩個月的雪山來到印度。第一次逃亡時，札西被印度警察逮捕，送回西藏監牢。同行中有人告密通報印度警察，導致一行人如暗夜趕集的秘密行動遭到識破，印度警察埋伏跟蹤準備抓人，其中幾個警覺性較高的同行者在警察現身前便先逃跑了，剩下五個人心存信任但卻被蒙在鼓裡而不知道發生了什麼事。札西無法釋懷地說：「他們只要先告訴我們就好了，我們可以先跑。可是他們沒有這麼做。我們五個人是聽到槍聲才醒的，醒來的時候，手電筒照著也跑不了了。」在拉薩監獄裡，札西不怕苦刑，只求填飽肚子，但獄方一天只供應一個饅頭和一碗粥。獄卒是個老人，伙食有三個饅頭、一碗粥和一碗菜。札西太飢餓，於是偷了老人的饅頭。「我第一次偷東西。」說這話時札西搖頭露出無奈的神情。出獄後，札西沒有回家，而是在拉薩街頭閒晃。哥哥從家裡帶了點錢與他會合，兩人籌劃第二次的逃亡。

再次翻山越嶺前，札西細數隨身之物：五十塊「中國錢」（人民幣）、十五斤糙米、哥哥，以及身上只有五塊中國錢和五斤糙米的七歲藏族孩子。札西看了憂心地說：「那怎麼夠吃啊？」於是三個人決定先在拉薩街頭乞討，籌足了約三百塊中國錢後，跟著大人爬兩個月的山來到印度。「那是我第一次要飯」札西說。

札西人生許多的第一次都發生在離開西藏前往印度的逃亡旅途中，年僅八歲的他未曾因為遠行而落淚，「哭有什麼用？都已經走在山上了，還哭。」有了第一次逃亡經驗，札西再次離鄉時帶了兩雙舒適且耐磨的好鞋，一路上保護住了腳不至於凍傷，但卻苦於沒有食物。連同哥哥和一起在拉薩討錢的小孩，三個矮個子背不動糧食，儘管同行的大人幫忙分擔重量，但逃亡者精神上已然沈重，無法多承擔外加的行裝負荷，讓人的精神與身體雙雙處在戒備與疲乏之中。如果身心只能二擇一，至少得確保心靈欲求獲得滿足，形體輕便地走到旅途終點，於是眾人索性開始丟棄行囊中的各項必需品。最後，三個小孩的包袱裡僅剩五斤糙米。「那怎麼夠吃啊？」枉費那段為了路途飽食而當乞丐的日子。札西離開拉薩前往印度的一路上，身心都在匱乏中飽受折磨。

旅途白晝為躲避警察只能在樹叢雪地中隱匿，到了夜晚卻又視線模糊不清，暗中摸黑向前，甚至不敢企求月光，月夜下的黑影最令人恐懼，「什麼都看不到，覺得自己好像在作夢。」眾人耐著飢餓，方越過邊界抵達尼泊爾，途中遇見山徑餐館，骯髒發臭的逃亡者立在門口，眼巴巴地看著那一碗碗冒著白色熱氣的湯麵。札西機靈地瞄見客人點了碗麵，只吃一口便離開，於是向店家討食，「我請他不要丟掉，給我吃。」店東不但沒有給他那碗放涼了的麵，還回罵逃亡者是群小偷。「打了我一巴掌。結果，我麵沒有吃到，還被〔店家老闆〕揍。我永遠忘不了。」札西第一次為了討吃而挨揍。跋山涉水途中都沒有掉下一滴眼淚，但這一巴掌竟讓他掏出所有苦楚含淚吞下。

金錢流轉與風險無常

札西一行人終於抵達印度藏人聚集地。哥哥沒有出家，在城市裡打工與朋友合夥做生意；札西選擇出家，在藏傳寺院展開新生活，負責行政庶務和跑堂，直到年滿二十二歲離開僧團。來回兩地運送貨物是札西主要的工作內容，僧團交代任務沒有時間限制，有時深夜一點接到電話指示，某個包裹必須在短時間內送抵三百公里外的科技大城班加羅，受僧團照顧並發願的札西便得心無二想地於半夜出發。這樣的工作任務常讓札西無法好好睡覺，在僧院裡，他的作息與專心於佛法修行的僧眾不同，以致休閒時札西總在雜貨店裡呆坐閒聊。

對札西來說，最尷尬、有壓力而不情願的任務是「送錢」。僧團受到世界各地功德主資助，「很多人幫助我們，給我們很多錢，寺院有很多錢。」僧團經營以一套「錢轉錢」的方式運作，像是轉投資、民間貸款、購買土地房產、興建旅社做生意等。對僧團來說，資金愈多，愈需要創造流動的空間，以降低現金累積過多的風險。印度警方常懷疑僧團的資金來源，不斷質疑寺院經營「黑的」生意而找僧院麻煩。相較於第十七世大寶法王的財務訴訟案件，各地教派僧團所面臨的警方管控更為現實與殘酷，那是一種近乎嗜血的醜陋角力。南部藏人屯墾區曾發生僧團經營的旅社，在午夜時分被印度警察臨檢、查驗住房客證件。一旦查獲未持許可證而停留的旅行者，便全部移往看守所，此時旅行者與僧團便得提振精神，付出可喊價的財物以換取自由。寺院過多的剩餘資金必須找到疏通出口，某些無法立即再利用的資本會放在印度人經營的民間銀行，高利率也高風險。藏人以難民身分居停印度，其經濟實力對印度社群一直是種威脅。多數的僧團、僧侶不在印度公營銀行開戶，大半資金存放在無官方立案證明的民間財務銀行，那如地下錢莊般的一人銀行，仰仗人際網絡的信賴關係運作來構成地方信用。一方面存款戶在經濟利益上享有較高的利息，另一方面藏人則在政治考量下，認為僧團的資本累積總額可藉由地方信用來擺脫印度國家銀行的監督，有效地降低與印度政府間的政經緊張。二〇〇五年，拜拉古比僧團曾發生鉅款被信任依靠、多所往來的民間銀行捲走潛逃，立時成為富翁的民間信用經營者消失在世界地平線上，而僧團無法報警協尋，只能視之為世間無常，回過身來解決後續相關金錢流轉事宜。「沒關係的，僧團很有錢，會度過這波衝擊的。」面對印度民間銀行私吞寺院存款，致使僧院蒙受莫大財務損失的紛擾事件，僧團雖感受到壓力，但卻也能安然度過資金虧空的陣痛期。

某回札西半夜裡接到電話，須在清晨六點以前送一百五十幅唐卡到班加羅香格里拉飯店的某個特定房間。時間只剩不到五個小時，依據經驗判斷根本趕不及。札西央求熟識的印度司機，一路飆車趕在六點半前將唐卡交到僧院指定地，而對方交給他一筆款項帶回僧院。「我要對方將錢收回去，過些時候再給我。因為拿錢時旁邊有個印度人在看著啊！很大一筆錢耶（手勢比了約一公尺寬），都是一百塊的，那麼多錢，我出去命就沒有了。我請僧院派車來接，僧院說當下正忙著，沒有空車，要我自己想辦法。」我著急地說：「你們是要我死喔？帶那麼多錢，如果命沒了怎麼辦？」僧院竟回我：「不會，不會！佛在看著。」

札西趕忙調度在班加羅旅館工作的哥哥幫忙，將成綑的百元小面額鈔票換成千元大鈔。哥哥聽到交換金額的數字後也顯得心緒不安，一路上小心戒護，觀察四周是否有人跟蹤，一切只能低調行事，不能引起任何人注意。哥哥帶著千元面額的龐大現鈔抵達時，車停在飯店門口遲遲不敢下車，札西走出飯店迎向被他稱為「民間運鈔車」的親人，發現周圍五、六個印度人緊盯著自己的移動，心裡感到害怕而不敢開車門，只能轉過頭鑽回飯店再想辦法解決。手機電話來來回回撥出、接聽、再撥出、再接聽，哥哥則將車子開離、駛進、再開離、再駛進。最後，哥哥決定繞著城市接五個當地朋友上車，再次駛進換貨（錢）的飯店，札西衝上車廂，車門還來不及關閉，哥哥便急踩油門迅速離開現場，車子與地面摩擦發出尖銳的聲響，高音頻瞬間劃破班加羅的清晨寧靜。

哥哥親自開車送札西回五百公里外的寺院。回到僧院，札西看見四部公務車好端端地停放在行政辦公室門口。進門後生氣地將錢丟下，對著僧團行政人員憤怒地說：「以後，這種事情我不做了！」負責管理的高階僧侶塞給札西三百塊，安撫怒氣中的札西，要他去五十公里外的小鎮邁索游泳、享受美食，放假兩天再回來。「我沒有收。我又不是小孩子，要我買糖吃別生氣。我在替僧院工作，可是僧院不顧我的安危。」札西第一次如此高分貝埋怨僧團。

我不清楚札西還俗的原因，他也沒有說明白的意思。「想去美國瞧瞧。」是札西給出的答案。他留個小平頭，換上T恤和短褲，踩著夾腳拖鞋，回憶著過去作為僧人的日常生活。以前僧院一個月給札西兩百盧比工資，還俗後他在印度德里藏人村的旅社工作，打掃、搬行李、維修、送貨等樣樣都做。雖然仍舊在僧院經營的旅館工作，但札西的身分已經從僧侶轉為凡俗人；工資仍然以兩百元為計算單位，只是還俗後的勞動價值是單日兩百元。「每個人有每個人的辛苦。」札西面對還俗後的生活這樣說道。然而，札西白天讓自己埋首勞動不去多想，夜深人靜時則不由自主地想念起僧團的朋友、工作及生活，而僧院舊識到德里也一定會來探望札西。身披藏紅色僧袍的出家人仍舊在僧團的行政瑣事間遊走，「送錢」的工作交給了另一位朋友。每當這名僧人和札西碰面時，就如過往札西那般抱怨僧團。僧人看著還俗後的札西，想像他近期內可能遠赴紐約展開新生活，以羨慕的口吻問札西：「你現在好嗎？應該很好了吧！」札西聽了這話，眼眶再度充盈淚水，他甚至不知道還俗是好還是不好，只知道若不去美國，這一切說不出口的難處讓自己顯得分外惘然與寂寥。

與札西在德里西藏難民村河邊小陽臺說話的那個下午過後，我便與他失聯了。兩年後，聽說他去了紐約。

邊界經濟與商品供應鏈

二〇一二年春日午後，我在山城的街道上張望，五百公尺的小路兩側是兩層樓水泥建築物，多為餐廳或商家，店家前的道路邊則是成排的小攤販，賣些毛衣、銀飾、宗教飾品、小吃雜貨等，眼睛轉著盤算要到哪個攤位買辣椒醬。早些年，德蘭薩拉山城小販兜售中國製商品極為有限，必須透過有點門路的印度商家取得中國產品，且中國製貨物以鍋碗瓢盆或電器等可重複利用的品項為主，多為印度商人自城市運到山城周邊小鎮的買賣。無論是印度生意人大量進口中國產品，或個體戶跑單幫的出口貨物，皆屬於中國低成本外銷經濟的一環。但這幾年情況有些轉變，山城不但可以購得非消耗性商品，民生用品與食品類別增多且管道明朗，不必多費心思探問尋求，路邊小販陳列的中國產品諸如粉條、辣醬、醬油、醋、泡麵等一應俱全。對於從中國藏區遷移至印度的藏人來說，某種程度上這些民生商貨都帶有聊慰思鄉之情的功能，即使商品來自於中國。

前一回我到拉莫家，發現她慣用的老乾媽辣椒醬用罄，心裡惦念著若再度拜訪，將以這個牌子的辣椒醬作為伴手禮，回謝印度生活期間拉莫對我的照顧。當天中午拉莫在家中做涼粉，在印度無法買到合適的粉條，索性以黃麵代替，拌些油，淋上醬油、黑醋及辣椒，再將黃瓜切片，便能吃頓涼麵消暑。我在攤位前向藏族商家詢問辣椒醬的價錢，對方聽出我的藏語生澀且口音略怪，便以英文追問我來自何處，我以英文回答「臺灣」，對方轉為用中文與我對談，甚至論及面對中國政權，西藏與臺灣的相似之處。相較於二〇〇五年前後的印度生活經驗，我對此景感到訝異。那時說中文被視為帶有敵意的溝通方式，在族群意識鮮明的德蘭薩拉，刻意不說中文的氣氛反映在「走在路上說中文會被藏人狠狠地瞪兩眼」，就像仍舊買得到隱藏起來的中國製民生用品，但必須隱晦行事。在與藏人互動時，儘管雙方以中文對話較能清楚掌握語意，但由於強烈排斥中文之故，雙方寧可運用蹩腳的英文互動，即使用詞遣字無法精確，但那卻是皆懂中文的對話者在當下最舒適的溝通模式。然而幾年後，中文交談一如公開擺放在路邊販賣的各種中國貨物，不再隱匿且大方顯露存在的姿態。商品背後的衝突甚至對立的意識形態在買賣之間消融許多，中文與中國製民生用品成了印度藏人極為熱情學習與運用的生活工具。

當我抵達拉莫家，從背包裡拿出老乾媽辣椒醬，拉莫驚呼「妳怎麼知道我正愁沒有這罐東西」，我得意地挑眉微笑。拉莫的生活很辛苦，帶著四歲的女兒獨自在山城過活，打點簡單且得碰運氣的零工，多數時候沒有工作，枯坐等候跳機歐洲的機會。生活上依賴同在山城的僧人表哥，「每個週末放假表哥都會來看我，順便幫我帶點吃的，麵條啊菜啊什麼的。表哥很會做飯，他也做飯給我吃。女兒知道我不可能給她買東西，每次見到表哥，都嚷著阿相（藏語的叔舅）買禮物。」雖然藏族僧眾的生活稱不上優渥，但仍過得下去，不像凡俗藏人得費盡心力謀求工作、找尋攢錢的機會。若是待在受供養較豐的僧院或同鄉僧寮，再加上參與法會分得的供金，在這個條件下僧人的經濟狀況便較無工作的藏人來得好些。因此，親族之間多有僧侶成為凡俗藏人生活支持的非正式經濟流動現象。如藏人朋友索南邀我一同逛街，起因為僧人表哥答應給她五百塊盧比買新衣服，索南開心地拉著我到山城少數的時裝店蹓躂，試穿衣裙。索南看上眼的新衣總是超出表哥承諾的金額，於是只能哀怨地放棄。

除了僧侶親人的支持外，多數流亡藏人在經濟上也仰賴仍在藏區的家族，或已移居到西方國家的親戚。家鄉在青海的央金於二〇〇六年隨著移居印度多年後返鄉探親的舅舅來到印度求學，一開始家鄉長輩反對年紀輕輕的央金遠行，但由於央金對異鄉懷抱嚮往之情，父母不敵幼女殷切企盼，最終點頭同意。「要來的時候很開心，想像這裡很乾淨，有很多樓房，以為很繁華。」央金回憶說。世界事物瞬息萬變，跟著舅舅到印度的央金發現德蘭薩拉根本算不上是座城市，甚至比自己的家鄉還不繁榮，但心中失落尚未平復，舅舅便已決定離開印度移居法國，徒留央金一人孤獨地在異鄉生活。山城工作難尋，即使順利就業，薪資也十分微薄。「工作划不來，工資大約兩千五百盧比，房租就一千五了。在這裡都得靠別人，我法國的舅舅會寄錢給我，我很珍惜使用，因為是舅舅辛苦工作寄來的錢，我不能隨便亂花。家鄉爸媽會問有錢嗎？來到這裡以後發現家鄉的條件比較好，離開家鄉的時候想多賺一點錢幫助家裡，沒想到幫不了家人，還要家裡幫忙。」說話的當下，央金正在尋找機會到法國投靠舅舅。她一直有個心願，想要賺點錢供應爸爸到印度見達賴喇嘛，但苦無工作機會、賺不了錢，還要家裡寄錢支援的處境，讓這個願望成了心頭很大的缺憾，甚至比去不了法國更加遺憾。

邊境走私「賭一把」翻身機運

沒有門路的藏人靠著親友支援生活，而有門路者做生意的機會五花八門。跑單幫、走私成了賺錢的行業之一。「我有段時間做貿易、做進口，但是非法的。透過巴士做進口貿易。」南嘎往來於尼泊爾與印度邊界，利用陸路運輸從尼泊爾夾帶中國貨品進印度販售，有時整批貨物化整為零賣給商家，有時自己擺攤將手上囤積的產品想方設法釋出。中國產品在印度城市或藏人屯墾區頗為熱銷，各類日常生活用品不乏銷售管道與客源。中國製品的售價便宜，大量批發的單價更為低廉，只要運輸成功，賺錢機會勝券在握。然而，跑單幫的貨物進口有著極高的風險，「閃避警察臨檢與查扣」的技術是生意慘賠或大賺的關鍵。南嘎描述國境檢查下的壓力：「我去尼泊爾找中國的貨品運到印度來賣，朋友告訴我可以這樣做，非法的，這樣不需要付稅，算是小生意。非常困難，邊境是很嚴格的，印度警察都要錢。剛開始頭一兩次可以塞點錢，但後來就不行了，他們會拿走所有的貨物，我這樣走私了幾次，第一、二次都給點錢，還有點利潤，第三次印度警察拿走了所有的東西，我全沒了。」

印度邊防檢查是跑單幫商人最大的變數，是決定能不能賺錢的關卡。「我和朋友一起做，我們知道哪裡有檢查哨，很多藏人都做這樣的生意，將貨物帶上巴士。有些印度警察很像強盜，他們已經在那等著了。如果巴士從尼泊爾來，他們上車檢查，有時他們會拿走所有的東西。整個路程要花上兩天兩夜。也有人從印度運東西到拉薩賣，很危險。」南嘎在這種險境中訓練自己如何不成為邊界警察眼中的肥羊。跑單幫做生意得從頭到腳將自己鑲嵌在遠遊訪親的氛圍及脈絡中，不但得將行李喬裝成送給久未謀面親友的伴手禮，同時必須神情自若、身體放鬆，一旦眼神稍有猶疑，勢必面臨貨物遭到沒收的命運。印度入境檢查的不確定性，導致這種非法的進口買賣得細心盤算，必須在短時間內雙手可提取的體積和重量範圍裡，忖度進口商品的類別與數量；若需要調度車站苦力或小廝幫忙扛貨，就不是絕佳的進口策略。因此，體積小、單價高而利潤可觀的珠寶是邊界商品進出口的首選，這位居第一的稱號非浪得虛名，但倘若遭受查扣，走私者的損失將極為慘重。

印度、不丹及西藏邊界也是走私買賣活絡的交接處，衣服、褲子、絲綢、布料、佛像與青銅等貨物在國界並接地帶流轉，有些品項自城市運往鄉村，有些商貨則從鄉下輸出到都市，供應城鎮需求。報導人才嘉認為走私是無資本者從事的生意，有錢人早在城市裡經營店舖，並以低價接收私下流動的商品，再高價賣出，賺取的利潤比走私者高上百倍。走私者冒著坐牢、貨物被沒收、資金投入如肉包子打狗一去不回的風險，賺的是辛苦勞動費用，只能算是商貨運輸過程的看守者，賺點零花罷了。才嘉在邊界走私的物品有二手衣、麝香、藏紅花，甚至曾經偷渡過登記有案的佛像古物，而他貨品被沒收的經驗也格外豐富。「有一次在印度、不丹邊界的村莊，買二手衣服做生意，也買藥材藏紅花。一部大卡車裡面五、六個人，各自買，一起租卡車分攤運費，邊境間的走私得先投資人民幣二、三萬塊。第一次做走私生意，帶二手衣服褲子，在檢查站，卡車被邊界警察攔下來，路邊就全燒光了，全沒了。還有一次用衣服褲子換到以前的、老的絲綢，很值錢，古董的。拿到城市賣，那次就賺錢。第二次被沒收是廟裡面有登記的佛像、唐卡。才到邊境，警察過來問話，邊界就沒收了。連錢包都沒收。」儘管邊防檢查走私嚴格，但仍有生存的空間。賠本的生意沒人做，只要成功賺上一筆，便可抵過數次遭到沒收的慘賠，權衡之下走私買賣仍舊絡繹不絕。邊界地下經濟運作背後所涉及的猜量、計算與謀略，貼合著藏人忖度移動落腳城市的計畫和盤算。藏人在不確定的生活狀態中疊加上具高度風險的生存方式，培養出如賭徒般的生存邏輯，而外在的政經環境則提供了設賭局的條件，於是「賭一把」便成為流亡藏人翻身的契機。

「也許，我們周圍這些事物的靜止狀態，只是由我們確信它們就是這些事物而並非其他事物的信念賦予它們的，只是由面對它們時我們思緒的靜止狀態賦予它們的。」—1

第六章——

隱匿

我自行開了樓梯前的鐵門，一路往二樓走去，雀丹女尼將立在走廊前阻擋外人直通家門口的另一道鐵門給鬆開了鎖——鐵鏈加上拳頭大的鎖頭。她站在三樓的走廊上探頭對著我喊：「上來！把鐵門再鎖起來，免得有人闖進來。」我依著指示提步走進雀丹的住所，那裡設有廚房、衛浴、兩單位房間（一個當作餐廳、客廳及會客空間；另一個作為佛堂與寢間）。這是我在田野地居留期間遇過最雅緻的房子，整潔明亮且布置豐富，牆上掛了色調極為飽滿的唐卡捲軸，還有張一九九〇年代藏族政治犯在西方國家取得庇護後受訪的黑白照片。房內使用的設備與器皿都讓人忍不住把玩一番，甚至馬桶前還鋪了塊棉質腳墊，浴室裡飄散淡淡的花香，在此上廁所真是種享受，尤其是在居住條件甚為簡單的山城裡更顯特殊。印度房東與雀丹各住一層，雀丹的活動範圍涵蓋二、三樓，三樓主體建築外側面向雪山的凸出陽臺，才是整間房子最令人讚嘆駐足的地方。「我常常跟貓坐在這裡看風景。」雀丹話一說完，立即換來我的驚呼。雀丹得協助印度房東照顧房子，在房東外出期間，雀丹對於門戶更為謹慎，她說：「被偷怕了。」

熱情的人引來熱情的耳語

定居在這樣的空間裡，時間一久，門戶不被盯梢，真的有些困難。然而，對雀丹來說，困難的不只預防偷兒，還有僧院工作的複雜性。雀丹在寺院裡總管行政事務。她從小立願出家，但在西藏家鄉不得果，直至二十九歲遷移印度後始削髮為尼。藏傳佛教的修行之路以僧團為核心，所有制度設計與資源分配均向男性出家眾傾斜，女性出家人的修行環境相對嚴峻。年紀稍長才落髮的出家人與自小在寺院環境長大的僧人，往往有著經驗上的歧異，雀丹所面對的寺院工作也存在類似的衝突。這種衝突當然與生活經驗思維有關，但更直接涉及的是僧院經濟生產的政治性。僧院提供食宿給受寺院照顧的女出家眾，但因各種條件限制（如實際的空間不足、修行法門上的因緣聚合等），並非所有女出家眾都能落腳在寺院提供的僧房。因此，那些在僧院外頭租房子、獨自生活的女出家眾則由僧團成立的行政辦公室照顧。行政辦公室除了掌握寺院外女出家眾的人數、生活狀態、物資分送、疾病照顧及突發事件外，尚有一個由中央統籌的經濟分配任務：處理功德主捐獻。寺院接受功德主的捐款，提供給在外生活的女出家眾每月經濟支援。然而，由於捐款有限，雀丹站在理性的經濟分配立場上，曾提出有工作、領薪水的女尼不該再拿這筆功德主贊助的生活津貼。儘管這項提議直接衝擊雀丹自身的經濟利益，但她認為那是正確且有效解決僧院經濟負擔的辦法，不過卻遭到所有人反對，因為討論會議中負責決議的人正是有工作、領薪水的寺院女尼。每當雀丹提起這個會議時，都帶點疲憊、有苦難言的表情，恨不得那項提議不曾從自己口裡說出來。由此開始，雀丹成了大家緊盯與防備的對象，這裡的「大家」指著偷兒和僧團，以及在那之外的所有人。

某日午後，當我正用午餐時雀丹來電，問我可否到她家討論買二手洗衣機相關事宜。一入屋，她劈頭就問要喝什麼茶，我想掙脫鎮日在甜膩的印度奶茶中浸泡，於是要了杯堪稱藏人迷戀的加味茶——茉莉花茶。除了傳統的酥油茶外，茉莉花茶常是藏人待客用的茶品，茉莉香帶著家鄉的生活記憶，而且還是有些高檔的回憶。女尼經朋友介紹相中一臺二手洗衣機，猶豫著要怎麼交貨和搬移，且考量洗衣機該擺在浴室還是陽臺。浴室空間不大，盥洗時尚能轉身，但若塞進一臺半尺寬的機器，恐怕連回身都有問題。然而，放在陽臺的壞處是

「別人會看見」，雀丹憂慮說道：「我想等天黑半夜的時候搬洗衣機，免得樓下雜貨店或隔壁的藏人看見，懷疑這個阿尼拉（藏語女尼稱呼）怎麼這麼有錢？」我聽後試圖阻止她夜半搬貨的念頭，一方面是深夜有人身安全的考量，二方面是以為周圍眼線少，但若讓人知道了，不免以更加嚴厲的疑惑口吻回應：「為什麼阿尼拉要半夜搬東西？一定有鬼！」謠言耳語在這山城小社區裡無止境地擴張蔓延，而且是以一種彷彿親眼看見、實則從未親身經驗的口語形式傳遞。每經一回傳話，描繪故事內容的能力就更上一層，繪聲繪影已然是基本條件，而更高階的橋段則是以正義之姿面質受傳言纏身者，同時告知集體創造的故事發展。雀丹因職掌僧院運作而內外交際人脈廣闊，加上佛法研究精實而吸引外國學生求教，來往的人多了，好的壞的明的暗的事情也就多了。她常因此飽受震驚，氣急敗壞地力圖解釋自身清白，幾次用力回應之後便深感疲憊。不讓自己身陷流言波及的最佳方式，便是切斷口舌發生的可能性。於是，雀丹進出、言談、工作、教學、與人交往更顯低調，幾近將自己給隱藏起來不讓人看見。

不只雀丹飽受蜚語困擾，在山城只要手邊略有資源的任何一個人，都可能成為閒談間集體說故事的主角。「嫉妒！」這是雀丹給我的說法。某日，我在大昭寺繞塔，脫鞋進入大殿禮佛，遇見熟識的香燈師（掌管殿內禮敬燃燭事務的僧侶），彼此如常聊天問候。但當另一位香燈師走進我倆談話的空間時，原本與我微笑對談的僧人馬上收起熱絡，板起臉來不再回應我的笑容，彷彿雙方的對話互動不曾發生過，甚至彼此根本不認識。當時我有些錯愕，原本是撐開呈現弧形的嘴唇，剎那間只能收起微笑嘴角，表現出不知所以然的味道。硬生生被中斷的現場徒留尷尬與沈寂，彷若一個人正伸手想要拉住另一個轉身背向者，畫面凝滯在前者手腳動作懸空的靜止中。

停滯的畫面伴隨著不解的情緒，我甚至感覺在那一刻之後，我與香燈師的友誼起了變化。自此之後，雙方在大昭寺裡巧遇，彼此不再正眼打照面，冷淡的程度就像是陌生人一般。然而，若在山城中心街道相遇，兩個人還是維持著朋友互動，相互說笑甚至相約到茶館喝杯茶。日後在某個與共同朋友敘舊的飯局裡，我偶然間解開了謎團。香燈師為人熱心且中英文俱佳，在德蘭薩拉生活遇到各種疑難雜症，都可向他諮詢或尋求協助，香燈師幾乎沒有拒絕過任何一個來到面前的朋友。然而，朋友的定義與界限隨著愈來愈多的意外而改變，有如疊磚般一塊塊慢慢向上構築防備城牆。像是某個藏人自稱從中國騎腳踏車來到德蘭薩拉，沒有地方落腳，在大昭寺閒晃時認識了香燈師，兩人相談甚歡，香燈師便幫忙找住宿處及提供各種幫忙。一段時間後卻驚爆這名自助旅行者是中國派來的間諜，潛伏在山城建立人脈、收集情報。當地報紙披露此消息後，與之交手過的人均感震驚，儘管尚未惹出大麻煩便告終了，但人人戒慎恐懼，不是撇清過去曾有過交集，就是責難曾經款待間諜的山城住民。每個人都好像有先見之明或靈異體質，在報紙刊登間諜被捕的消息前，早已洞察這名自助旅行者的異樣，只不過當時沒人相信自己罷了。香燈師便在這種非難眼光中對「朋友」保守了起來。

我被交代「供燈時若身旁有其他喇嘛，便要減少與香燈師友人的互動」，因為這位熟識的大昭寺僧侶與外國人互動頻繁，舉手投足間受人緊盯，只不過是狠下心來買了罐山城高級品 **Nutella** 巧克力醬，就會出現香燈師接受外國人供養與贊助的臆測耳語：「不知道拿了多少呢？」一名與香燈師友好的信徒，透過香燈師捐獻地毯更新費用約十五萬盧比，卻傳出「香燈師怎麼這麼有辦法？」的懷疑聲音；而大殿裡有新加坡人供養蓮花燈，臺灣人再供一副，旋即流言說道：「不知道香燈師把另一副蓮花燈放到哪去了！」八卦傳言隱晦地在封閉的人際系統中流動，同時異常順利地在不同的封閉網絡中散播，點狀跳躍式的謠言瀰漫在印度山城各個角落。「這裡謠言非常多，藏人很愛嫉妒！」報導人巴滇決斷地說。

流言蜚語關乎族群集體欲求

身處小城，終日可在茶館裡聽見任何一個不屬於自己網絡內的消息。無論故事是原初樣貌或經過重新雕琢，牽涉其中的公親事主必須承受集體秘密所帶來眾人心知肚明卻噤聲不語的眼光，那是一種不確定對方聽到了什麼、會用什麼態度與自己說話的未知感，交手雙方相互打量的試探成了日常人際交往的前提。關係愈好、資源愈多的人，纏身的謠言也愈豐富。公開秘密愈複雜，傳言愈興盛；集體面對故事主人翁的表現越沈默，蜚語主角承受的壓力就愈大，茶館內的眼神與密語就愈流通。嫉妒只是確認謠言具有繁衍價值的代罪羔羊，聽者以此回應言說者，以規避身在其中的危險，同時可作為繼續傳遞的護身符。在嫉妒和謠言掛鈎的根基上，藏人與外國人來來去去的現象也取得故事永恆敘說的共感。八卦傳言展現了常居於此的藏人在山城著實經歷了什麼的真實性，真正能夠說出每一事件來龍去脈的人，才是真正生活在此地的人，共同生活的存在感也就建立在流言蜚語中。更深一層來看，謠言反映了藏人在印度停留的不確定性，互動雙方不知道這個與自己每日打照面的人何時會突然離開，因而留心注意對方的一舉一動。當見到熟識的鄰居貌似擁有或經手任何自己沒有的物件時，便想到自己缺乏這些資源，而對自我命運的掌握程度較低以至於動彈不得。因此，鄰人生活上的任何一個轉變，都可能成為加速遠行的徵兆。「離開印度」是藏人的集體欲求，不管是離開印度回西藏，還是離開印度去歐美，印度在藏族難民的心中從來就不是一個久留之地。在無期限靜候歸返的日常歲月中，等待成為過生活的軸心形式，而謠言則填補了等待過程的空白，以及內心想望歸鄉卻不可得的欲望。

受耳語波及的族群並非只有藏人自身，還包括在德蘭薩拉進出的旅人。久居山城的外國人相對較少因而容易辨識，關係網絡也就相對緊密。人際交往在極小的圈子中打轉，時間一久，原本不相熟識也變得略有所知，即使不常照面，也能從旁人處得知消息。旁敲側擊或不經意獲悉山城消息的能力靠的是關係，而關係觸角的多寡決定了謠言深度。就像前面提及的兩位僧人必須面對的生活壓力——沒來由的傳言——其源頭無非是良好的人際關係和網絡資源，謠言與關係環環相生。

聽聞佛法的搶位戰略

我在印度生活期間經歷了為參與達賴喇嘛講經，而與常住山城的外國人一起「搶位子」的經驗。這足以說明修成正法不見得單靠努力研讀佛典，在修行之外，若關係愈好，愈有機會親近具有正量之大成就者。達賴喇嘛向全世界弘法有不同的形式，像是出國宣講或在印度大昭寺舉行特定經典傳授法會，包含經典釋義、口傳和灌頂。各國法友或佛學團體也會在特定時間請求某部佛典傳授，此舉稱為「請法」。完成規定佛理修習階段的法友才能參加到印度請法、聽聞達賴喇嘛講經的行程。請法團嚴格篩選參與成員，而講經起因於團體的邀請或供養，所以只有該團體成員得以進入正殿內聞法。至於大殿四周開放空間，則可安置無法進入正殿的修行人或外國人。由於那是不署名的開放空間，所以將空間命名、劃定座位的「搶位子」，成了達賴喇嘛講經說法前的儀式性活動。

對於未隸屬任何佛學團體的在家眾、散客或旅人來說，能否在法王說法時坐在看得見達賴喇嘛的好位子，取決於是否「搶位子」成功。這涉及到有計畫的謀略，得時刻觀察任何來自僧院管理單位的訊息，才能在確切的時間點取得優勢，以搶到可以看見法王的位子。相關訊息既不公開也不言說，完全憑藉眼神和動作私下傳遞進行，能否獲知潛藏的訊息全靠個人在山城的關係。法王講經是山城的大事，預定七月舉行的達賴喇嘛弘法前一週，眾人已經蠢蠢欲動，相互宣示要幫多少朋友「佔位子」。馬來西亞師姐帶著我在大昭寺認識環境與上師，並聊起在德蘭薩拉的讀書學習及生活狀況。師姐領我在僧院晃蕩的當天，正在大昭寺協助上師處理講課事宜。當她察覺香燈師好像要開始排位子（依國籍將各國法友聞法區域分開來），便口氣急迫地回應正在交辦工作的上師：「我有事得先走！」然後緊隨在香燈師身後。旋即不少伺機而動的法友也掌握了眉目，一瞬間香燈師身旁冒出許多人拿著背包，或近或遠地朝著他微笑。當屬於自己國籍的聞法區域規範出來後，在場原本按兵不動的人立刻衝向某個臨近大殿側門、窗戶的走廊地板，拿出剪刀、塑膠袋、膠帶、帆布袋、紙張、簽字筆等，在洗石子地板上貼上塑膠袋並寫上自己的名字和國籍，占據一塊自己認為最好的位置。頓時所有的走廊與開放空間，就像手工拼布般全貼滿了各色塑膠袋、帆布袋，過程中所產生的瞬間陣風讓我感到驚駭，我的心跳與腎上腺素急遽飆高，在被師姐命令貼這貼那的當下，我口中的「啊！」都還沒結束尾音，所有人的動作就結束了。

這個初步的攻防戰前後共兩回合，當然居間發生了許多口角與衝突。第一天，馬來西亞師姐憑著自己多年在山城打滾的經驗，明確知道哪個方向、哪個角度才是最佳選擇，手腳俐落地迅速搶下了視野非常好的區位，此舉自然引起其他覬覦者的反彈。馬來西亞師姐寫了名字的膠帶，硬是被另一名師姐給撕了下來，且口裡教訓著不可搶這麼多位子。馬來西亞師姐不甘示弱地回應自己的想法，不過是想讓第一次親臨達賴喇嘛講經的朋友能有機會看見法王而已。「每個人都想見到法王，妳不能因為自己看不到就不准別人搶位子。」事後馬來西亞師姐讓出兩個位子，雙方的來回舌戰才稍有緩解。

第二天，講經前一日正逢達賴喇嘛生日，大昭寺張燈掛彩舉辦慶生活動，各區藏人紛紛表演祝壽。當我像個初來乍到的觀光客，興奮地沈浸在色彩繽紛的藏族服裝及表演節目時，馬來西亞師姐完全沒有心情看表演，她的心思全放在中午十二點的位子攻防戰上。為了確保前一天搶位子的辛勞不至於白費，第二天在香燈師把聞法時供信眾盤坐免得著涼的墊子鋪在地上時，得將原本貼在洗石子地板上的膠帶迅速轉貼到軟墊上。這個在我看來有點瘋狂的舉措，如同前一天的瞬間陣風，同樣在剎那間完成。轉貼工作結束後，搶位子的信眾均未散去，而是在自己強占下來的領域裡守著，以防他人抹除掉自己的空間。由於坐墊大小與排列方式所呈現的臨場座位，與光禿禿的地板空間感稍有不同，眾法友便在轉貼搶位之後爭執自己原本期待的方位。在整場塑膠袋、膠帶、紙張滿天飛的協商中，全區位置大致確定。在場所有關係人無論開心與否，至少先暫時同意當下的布局，隔日將參加達賴喇嘛弘法的信徒也才甘願離開。離去前，一對定居山城學習佛法的夫妻對我說：「這還沒確定，一切都有可能改變。得等到接下來五天講經期間，都坐在那個寫了自己名字的塑膠袋上，才叫做搶到位子。」

能否入正殿聽聞佛法，乃憑藉佛學根底訓練是否達到團體要求；至於能否坐在大殿周邊走廊，不但聽得見弘法，還要看得到法王，除了佛學修行外，需要的就是因緣和關係。這齣搶位劇碼就像颳了兩場颱風。從沒有人明確指出什麼時候會做什麼事，香燈師也從未公開表訂工作時間，那麼，眾謀略者如何得知何時該如狼般地在陰暗處等候？馬來西亞師姐一開始微笑不語，可能見我摸不著頭腦地疑惑著，於是悠悠回答：「就看香燈師的眼神啊！」我猜想自己當下的表情逗樂了師姐，她神秘地笑了起來。

修行道上以關係為網、謠言為障

師姐決心離開家鄉馬來西亞到印度，以在家人身分學習佛法。初到德蘭薩拉人生地不熟，不知道哪裡可以結交朋友、什麼是處理問題的潛規則，以至於吃了不少虧，走了不少冤枉路。因此，當師姐經歷過越多生活難題，並且在地人脈越加充足後，越發認為適時協助初來乍到有心學習的法友，是作為修行人的基本認知。然而，從旁協調大小生活與研修的事情多了，不但壓縮自己的讀書時間，與人相處的耳語也頻繁了起來。「忘恩負義！」師姐說出了眾人對她的標籤。當這個傳言散播開來後，師姐發現自己在德蘭薩拉外國修行者網絡裡的人際關係出現了變化，本來熟識堪稱莫逆之交的法友，倏忽成為陌生人。師姐對此現象有苦難言，只能安慰自己：「一切就是因緣，只要自己好好學佛就足夠了。」她甚少道出「忘恩負義」的原委，只背負著該重擔繼續在山城學習並任由謠言無限擴展。

外國人在德蘭薩拉長期停留修習佛法，主要是以辯經學院提供給在家修行人的佛學課程為基礎，授課老師為著重論理思辨的大昭寺佛學老師，在家人與出家眾一同上課。不同於藏族僧侶，外國人除了學習辯經學院的既定課程外，還額外尋找補充學習的機會——透過人際網絡相互牽連、口耳相傳的方式，認識上師以求學習通透。「找老師請法」呈現出關係網絡的複雜角力，馬來西亞師姐的耳語標籤正起因於此。德蘭薩拉不乏學問好的老師，但上師的健康狀況、傳法方式、人際關係等決定了跟隨弟子的多寡。另外，透過熟識法友帶領入門，而產生了某個國籍或區域的修行人聚集受教於某特定老師的情形。外國學生求教過程以愉悅豐足為根底，通常師生間的傳道學習互動良好，但也會有相互不適應或不滿意的情況發生。「有些老師，學問不能說不好，但是非常會做關係。尤其在人際互動上非常會照顧外國學生，他會知道外國學生喜歡什麼，讓外國學生以為這位上師道行非常高，因此會帶愈來愈多人與他認識。」找上師請法牽涉到供養，學生愈多，供養金愈容易累積，上師擁有的資源便愈豐厚。在口耳相傳下，上師名氣提升，更能吸引入門弟子。名與利在僧院裡常成為僧眾角力的項目。儘管出家人不主動追求或覬覦名利，但擁有資源意味著較有能力運籌生活與傳法，對僧團的經濟幫助相對較大，因而在僧院享有較高的地位。「對傳遞佛法還是有幫助。」新加坡師姐這麼說。馬來西亞師姐的「忘恩負義」肇因於跟隨上師遇到波折，想要離開上師的教導，但在人際網絡密度極高的山城，「如何離開」是一道異常棘手的難題。

「我知道自己不能來暗的，只能來明的，否則後果會非常慘。」師姐說。外國學生私下找老師請法學習，若想結束請益關係，主要有兩種途徑：一、請法的佛典已經教授完成，不再繼續學習第二部法典，順勢結束師生關係；二、長期請假直到課程結束。若是老師試圖結束與學生的互動，大多會以「沒有時間給對方」為理由，這麼做的目的在於不要破壞關係，直接拒絕會將自己暴露在容易受到攻擊的對立面上。「這裡是一個關係非常緊密的社群，消息傳得很快，而且是以超乎想像、扭曲事實的方式傳遞。有些學習上的狀況，不能說就是不能說。」馬來西亞師姐以健康為由，請假結束與上師的關係。無論老師或身旁法友如何關切停課原因，她都閉口不語，至為小心地將停學緣由全纜在自己身上，為的就是避免超乎想像、扭曲事實的謠言。然而，師姐終究還是避不過流言蜚語。越是謹慎保護相處上的秘密，眾人越想得知箇中轉折，一旦不可得，便以猜測語言來形塑故事內容，久了就變成事實，馬來西亞師姐背負著忘恩負義的頭銜。

我問師姐標籤傳開了之後，她的生活有些什麼樣的轉變。師姐笑了笑說：「就剩下自己一個人啊！但我是來學習的，不是來處理這些無中生有的人際關係的。」師姐後來跟隨另一名老師學習，除了上課以外，幾近足不出戶，完全將自己封閉在租來的小房間裡，不太與人交往。「我要讀書，沒空交朋友。」師姐淡淡地說。面對說不清楚也不能說清楚的態勢，最好的回應方式就是躲藏，以切斷製造謠言的可能。將自己給遮蔽起來，如常地生活、工作和讀書，但就是不再讓人「看見」。

藏匿自身，任語言堆疊封存流言

這樣的隱身與藏匿，對行動全然暴露在他人面前，猶如裸體行走，無論遮掩哪裡都不對勁的窘境，給予重重一擊。這看似消極地回應莫須有言語的舉動，實則為積極地阻斷語言顯露的形式。當話語不再繁衍而停留在眾人所創造的既存內容時，故事當下就成了被推向過去歷史時間的傳說，其殺傷力頓時銳減，受耳語纏身者才有機會從謠言中脫身。語言堆疊向來遮蔽掩蓋人存在的樣子，但奇妙的是，唯有藉由這個方法，人才能在流言蜚語中確保自己真實地存在。

我能理解想要躲藏的心情，雖然那不至於是抵抗謠言，但也是種不想陳述太多自己是誰、為何而來的倦怠感，以及打從心裡不願與人接觸的排斥感。然而，這並非來此山城的附加意義，於是，我得在藏匿裡不斷地將自己拋向群眾，每一回拋擲都是內心的一次痛苦搏鬥，卻也是建立關係的一次踏步前進：

我總要專心一致，非常有技巧地和可以接觸的人說話，一邊說話一邊在腦中記下關鍵字，以免在晚上舉行檢討儀式（撰寫田野筆記）時忘記白天究竟發生了什麼事，而只記得三餐吃了些什麼。我的報導人有自己的家庭和生活，我和他們的接觸其實不深，第一個月的田野能拓展一些人際網絡已經謝天謝地了，不太可能在田野初期就發展出深刻的互動關係。於是，短暫的接觸、粗淺的談話之後，我又回復到一個人的狀態。又回復到獨自晃來晃去，沒事找事做的狀態。而多數時候，我是不知道要做什麼的。然而，我又好像必須要做點什麼以告慰晚上的檢討儀式。在山城，天氣多變，有時，一下暴雨就是一整天。山城裡的住民多數抱怨這樣的天氣，因為什麼事也不能做，進出移動都稍嫌麻煩。但自己內心暗地裡卻期待這樣的天氣，名正言順，不用出門。就窩在那腐朽的木床上讀小說，伴隨著大蒜醬油麵條度過這驟雨的一天。

內心感到十分孤寂。在一個沒有人了解自己，而自己卻以為早已自在融入的地方。我常常期待田野期程的結束，這樣便可以快快回到自己熟悉的網絡中，享受那過分濃厚的溫暖。雖然，這份溫暖過於沈重，但至少知道該如何應對。在此同時，卻又焦慮著時間的消逝，而我竟然可能什麼研究產出都沒有。每天清晨醒來，腦袋裡便不由自主地安排一整天的行程，彷彿只要將時間空隙填滿，鎮日的田野生活便獲得了交代，這一趟的遠行則有了意義一般。然而，空蕩的身體在一個沒有人認識的地方遊走，那刻意補滿的時間顯得荒謬了起來。這一切，不過只是要處理不知道該將自己放置在哪裡的焦慮而已。

隨著在山城停留時間愈長、認識的人愈多、關係網絡愈厚實，這份焦慮感不減反增，但方向慢慢從「不知道該如何拓展人際脈絡」轉變為「不知道該如何從既有人際關係中隱形」——想要隱沒在人群裡，沒有任何人辨識得出，無需總是保持笑容表現熱情，只要展露那個原本就冷眼的自我。沒有身分、沒有目的，只有一個極實在的肉身，有時甚至連思維念頭都沒有，那是我嚮往非常簡約卻真實的生活形式。但在山城裡，想要保護孤傲的心並不是那麼容易，久居的外國人無法自眾人眼光中遁逃。某回，我獨自在餐廳安靜吃飯，隔壁桌有個藏族男孩拿著畫冊向一名金髮碧眼的歐洲人介紹諾布林卡（即庭園風味幽靜的西藏藝術文化中心），說著說著男孩眼睛朝向我，對我點頭示意，我禮貌地回敬微笑。男孩開口搭話：「妳好眼熟，我在哪裡看過妳？」我並不認識這個藏族男孩。「應該是我每天都在這只有五百公尺的街道上走來走去吧！」我這樣回答。我們都笑了出來，心裡深知所有陌生的面孔、生疏的關係，都會因為活動範圍過小、人際連結過密，而能輕易打破初識的尷尬。「我知道他」成為辨認某個閒聊中提起的陌生人的方式，總是在山城的街道、寺院、餐廳看過，但稱不上是朋友。而在某個絕妙的時機點相認了，即使原本有疏離感，也會因為一直知道彼此而快速成為友人。然而，在山城，一開始的破冰能否順利取決於陌生人是否令人放心。「如果我不知道你是誰，如果我不知道你周圍的朋友有誰，我不會跟你講話的。」一直告誡我不要碰政治的僧人昆雀如此說。在山城生活，必須經由「攜伴方式」才得以進入圈內。人際網絡中的每個人都是另一名個體的保證人，「這是某某的朋友」作為人際保證的起始語，進而才有繼續互動的機會。陌生人能否獲得人際保證，需要長時間的觀察和判斷。人際保證存在著風險，一旦陌生人被標定屬於某個群體或某種因群體而來的意識形態後，往往很難自特定的人際標籤中脫逃。我極度害怕自己被限定在某種說法或框架裡。

終究我還是聽到了關於自己的傳言。「小心！妳不知道她是不是個間諜。」與我交心的姐妹有一天邊煮飯邊這樣說。卓瑪邀我去吃飯，我們如同往常一起備菜、聊天、陪小孩玩，後來談到了女兒接下來的教育問題——若遷居到國外，孩子不會說西藏話也不行，但把孩子留在印度，父母先到國外闖蕩亦有難處。突然卓瑪話鋒一轉說道：「我今天為了妳跟同事吵架。」我驚愕地看著她。「同事要我別跟妳靠太近，說妳是臺灣人，怎麼知道不是中國間諜。要我別跟臺灣人、中國人走太近，不要交太多臺灣朋友。還說，她是誰妳都不知道，在妳還不知道的時候，已經拿到了她要的東西，可能是間諜。」當下我不知道該說些什麼，既為了朋友因我受到族人排斥覺得難過，也因自己真摯與人交往的信念遭到誤會而沮喪，更為了人際往來必須時時小心觀察與探測而感到疲累。在德蘭薩拉久居，很難逃避這樣的關係脈絡。「防備」是建立山城關係網絡的首要條件，此基礎在於藏族集體的不信任特質，那是長期以來，在西藏與中國的關係間飽受精神與物質的威脅所產生的民族情緒反應，防備和不信任的民族情緒使得移動中的藏人更加無法安穩。為了讓自己安靜下來，藏人甚或是外國人只能選擇隱匿。將自己封藏在自我的生活世界裡，減少與他人互動的機會，以降低耳語及眼神的監視，這樣似乎能稍微安撫內心動盪的心緒。雀丹女尼、香燈師、馬來西亞師姐如此，而後來的我也是這樣。

「在眾多的文化意義、社會經驗與主觀性之下，有一種人類共同面對的狀況，其核心是喪失、威脅和不確定的生命經驗，這是真實道德的主要戰場。」[1]

第七章——

自焚

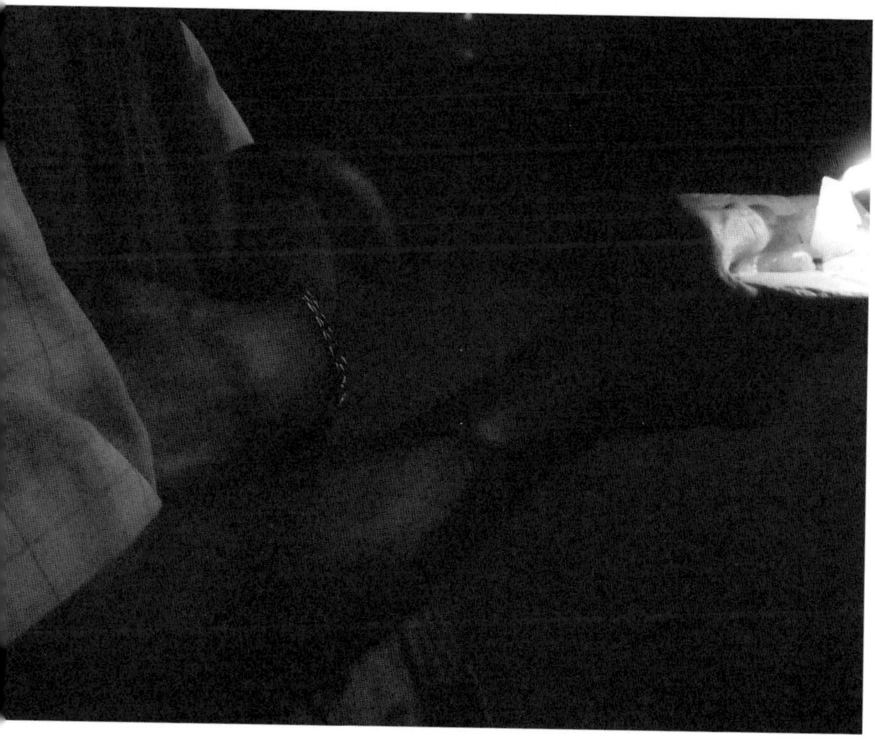

二〇一二年三月，德蘭薩拉的西藏表演藝術學院舉辦為期一個月的文化饗宴。學院蒐羅了西藏各地區的傳統藝術活動，衛藏宮廷劇、康巴與安多地區的神話舞碼、傳統音樂等，在這一個月的時間裡輪番上陣。表演舞臺位在藝術學院的中庭，以白色頂棚布幔遮光，初春的高山陽光穿透頂棚，使得布幔裡的光線轉變為橘黃色。開幕致詞講臺制高處的背景黑白照片，是一九五九年流亡藏人領袖達賴喇嘛與時任印度總理尼赫魯的合影。貴賓席位於致詞講臺旁的房舍二樓前走廊，可俯瞰中庭的表演。從二樓垂降到一樓路面的大型綠色布簾，上頭白色大字寫著「謝謝您，印度」，英文字下方斗大的數字「53」，標示著藏人流亡印度的時間，橘黃色的光線使得白色數字更加刺眼。五十餘年來，各地區的藏人組成規模不一的苦行隊告別家鄉，在冬季大雪時節跋山涉水，遷移至南方的印度，欲於自由之地安居，從此隔著俗稱雪山的岡底斯山脈與家鄉遙望。

族群身心受苦的終極化現

由西藏到印度的移動承載著眾多意義，諸如中國殖民式統治的治藏政策、資本化的經濟發展迫使維繫生存的游牧生活瓦解、中國漢族思維的教育制度阻礙了西藏語言和文化的傳承、宗教活動在殖民者全景監視下以觀光目的殘存、漢／藏迥異的生存形式肇始於核心／邊陲化的地理空間、資源分布及權力運作。對藏人而言，苦行式遷移不僅代表個體離開資源不甚豐饒的環境，亦呈顯了族群追求主體生存自由的宏遠目標。西藏村落—西藏拉薩—西藏樟木—尼泊爾果加浦—尼泊爾加德滿都—印度德里—印度德蘭薩拉，這條移動路線記錄著十數萬藏人的生命歷程。冬季積雪及膝，河水就算未結冰也足以凍傷雙腳；黑夜中行走以躲避邊防警戒，白天則棲息於樹叢或崖邊；高山徒步不宜負重，因此得捨棄行囊中的糧食而飢餓難耐；聽聞林中鳥叫或蟲鳴，都驚恐地以為那是槍聲。在德蘭薩拉任何一間茶館裡遇到的藏人，都有能力描述這種艱苦的移動經驗。「這不只是身體上受苦，精神上也苦。」報導人這樣說。

藏人本以為離開中國來到印度是種尋求解脫的方法，但他們的苦難卻未因移動而減少，反而被置於另一個時空遭到擱懸的身分——難民。「在印度生活很苦的。」報導人又說。許多藏人未尋求難民身分確認途徑來到印度，以沒有證件、非法拘留的形式遁入日常生活底層；在印度的流亡藏人只要規劃離開居停地，便須到警察局報備，移動並不自由；向印度房東租屋得忍受高房租但低品質的住宿環境，為了省錢，一家五口住在三坪大的房間裡，整層數十戶人家共用一組浴廁；水源不足，以致家家戶戶鎮日只有晚間半小時可提水和儲水；藏人遷居者及西方旅行者越多，物價便越高，但打工工資並未提高；受到印度人欺負時，委屈只能往肚子裡吞，「誰叫我們是難民？」報導人說；來到印度後，擔心留在西藏的家人受波及而不敢打電話回家；想念西藏與家人卻沒有合法證件返鄉；想要取得正式文件回家探望父母，得到中國大使館宣誓：「達賴喇嘛是壞人。」藏人帶著族群命運中的悲苦從西藏移動到印度，「受苦」成為藏人的日常生活場景與族群生存的面貌。

自焚是受苦的激烈表現，因精神受苦的生存樣貌而選擇肉身受苦終結生命，無論就身體或精神層次而言，皆是企圖自苦難中遁逃。亞洲歷史上著名的自焚事件發生在一九六三年，南越僧人釋廣德為抗議政府迫害佛教徒的政策，於西貢街頭引火自焚。此舉確實影響了當時南越政府修改其宗教政策，以安撫佛教徒的情緒，但新政策執行成效不彰，且最終演變為政府針對佛教寺院與佛教徒的清算行動。西藏第一起自焚事件則於二〇〇九年在中國境內四川省發生，自焚者亦為僧侶。西藏僧人自焚是為了抗議中國治藏政策中的各種壓迫，而以激烈的受苦形式表達苦難，試圖自苦難中解脫。藏傳佛教教義反對殺人，憤怒之火只能朝向自我，自焚成為藏人集體受苦的族群苦痛象徵。然而，中國政府以「殘忍的暴力」來回應，並指責西藏領袖達賴喇嘛以宗教之名煽動自焚，這毫無疑問是站在統治者的政治立場上發言。對統治者來說，無論自焚所透露的意義為何，「暴力」是相對精準的側面攻擊，因為自焚者所欲傳達的行動信念，正是統治者無法正面迎戰的社會矛盾，因而統治者以形式相異但本質相同的「暴力」加以對待。流亡印度的藏族社群面對接連不斷的自焚消息，舉辦各種追悼儀式，以集體力量來回應個人傷痛，這種既個人又集體的失落成就了族群面對受苦的共同記憶。

受民族情感灌溉的哀悼

天光未亮，我躲在羽毛不斷自尼龍布面冒出頭來的睡袋裡，冷得不願意起來，僅伸出右手拉開遮光的淡橘色窗簾。外頭雲霧仍多，看不見雪山山頭。「今年天氣太奇怪了，以前冬天只有雪山下雪，但今年卻落到了一千八百公尺高的德蘭薩拉，積雪到膝蓋呢！不可思議。現在應該是整年氣候最舒服的季節，卻還是冷得很。」初識拿旺時，氣候常是填補彼此尷尬的話題。拿旺是我來到山城後認識的朋友，一個告訴我世界末日即將到來、做西藏研究終無意義的悲劇性人物。空氣中瀰漫了燒木柴的煙燻味，想來應該是屋外陽臺左下方，就著土堆隨意搭蓋工寮棲居的印度苦力人家，女人正在燒柴煮飯伺候工寮裡大大小小一群人上工。工寮後方再靠山邊一點，緩緩傳來僧眾早課的唱誦聲，僧院作息清楚嚴密，早課結束鐘尚未敲響前，僧眾得耐著徹夜未進食的飢餓感背誦經書，這應該也是鍛鍊意志的修行方式之一。烏鴉叫了兩聲，似乎同意我的看法，也像是催促我趕緊離開被窩。灰冷的窗外風景映照著近日山城的抑鬱，烏鴉佇立樹梢的身影顯得格外悲涼，如同我躺在木條釘製的單人床上，想著自己模糊不明的未來那般孤冷。那一刻是清晨四點五十分，天色未明。

前日（二十七日），山城靜默卻又隱隱騷動，感覺得出來有一股壓力在日常照會中流動。談話雙方不但不點破，反而以更加陽光的燦爛笑容交往，使得這股壓抑的能量緩慢地在身體裡膨脹，一不小心就會爆炸、皮開肉綻。幾天前（二十六日）中國國家主席胡錦濤訪問印度，流亡印度的藏人集結於中國駐印度大使館前抗議。抵制行動早在幾週前便在山城蔓延，不是看見街頭標語旗幟，就是舉辦連署聲援大會。「美國影星李察吉爾在紐約，慰問即刻在中國大使館前絕食抗議的西藏人」的圖說照片海報長達三公尺，從菜攤、水果攤延續到麵包攤位前方。佇立端詳的當下，不時得挪動腳步讓出空間給買菜的藏人，欠身時候的四目相對，竟是帶著不想負責任的閃躲，從那眼神的閃爍格外感受到莫名責任的重量。來自西藏、成長於德蘭薩拉的青年蔣佩以西（Jamphel Yeshi）於中國大使館前自焚示眾。消息傳回山城已是蔣佩重傷，正在加護病房接受醫療戒護。山城青年組織立即動員了起來，貼出蔣佩以西參與青年會活動的照片，以及街頭自焚時、重傷時、躺在病床上全身包覆燒傷醫療棉布時的圖文細節。這些影像與文字以一種活生生在自己眼前重現的方式矗立於山城街頭，血淋淋的紀錄片畫面直觀地對著自己說故事，聽故事的同時甚至開始想像蔣佩以西的心情：「他做這個決定的時候閃過什麼樣的念頭？」「自焚前一夜他是怎麼度過的？應該喝了白酒暖心才是。」彷彿作為觀看者的我是蔣佩的親密朋友，不僅瞭解他的為人、成長經驗，更經歷了拙火燒身的刺烈痛楚。觀看者緊盯著蔣佩以西那雙臂敞開、張嘴尖叫的奔跑畫面，直盯盯地說不出話來，只剩下零碎的意念在腦中打轉。

這條五百公尺長的城中心道路，前夜燭火滿布，白色的短蠟燭卡在折成直角形的瓦楞紙中央，為的是不讓蠟油燙傷虎口。然而，融化的蠟油儼如江河無處疏通，逕自漫流在虎口與手指之間。幾次蠟油溢出沾染皮膚，蠟油遭遇冷空氣瞬間凝結，使得皮膚緊繃，灼熱感只有萬分之一秒，但卻讓人想儘快換手、剝除。身旁的僧人問我：「妳怎麼想西藏？」我聽到了問題，卻回答不出來，怎麼可能在靜默抗議的交會時刻，簡單兩句就做出回應呢？要說些什麼？我連自己臺灣人的定位都說不出口了，更何況是西藏。「好燙！」我火速將蠟燭換至左手、甩著右手，利用蠟油轉移了話題，避開這個讓人不知如何是好的當下。幾近全城的藏居民與觀光客站立在十公尺寬的道路兩側，將印度商家做生意的出入口全堵了起來，長蛇似的蜿蜒盤踞。夜裡的聚集，一方面是為自焚者祈福；另一方面青年會、婦女會組織身負歷史使命地透過傳聲筒，陣陣傳來音頻上揚的運動話語，「我們譴責中國政權」、「讓達賴喇嘛重回西藏」、「西藏是西藏人的」。標語式宣言伴隨著維持現場秩序的宣導，「請大家往旁邊站一點」、「等下我們要繞行一圈後走到大昭寺」、「在大昭寺前會有個哀悼儀式」。傳聲筒拋出的語言越多，群眾在夜裡顯得越沈默，不語成為共同的語言。寂靜的情緒被蠟燭與傳聲筒給擾動著，宛如刻意壓抑的情感不時有人故意挑逗玩弄，對方等待著的就是自己情緒崩潰的那一瞬間，但這個挑撥被看穿了，硬生生地將竄至喉頭的那股渾熱氣體給嚥了回去。山城自夜裡哀悼那天起，連續三天全城安歇，藏人經營的各種小買賣全都歇業，肅穆安靜地參與從清晨到夜裡的祈福儀式，無論是法會、念誦、做大禮拜還是遊行、連署。這段時間山城生活充滿著自焚者的有形身影與無形懷念，靜默成為對自焚者最高的致意，遇見熟人只剩下微笑。

昨晨（二十八日）傳來蔣佩過世的消息，傳聲筒隨著車子繞行於山城街道間，字句也因此渲染於景物之中，像是日本動畫《蟲師》裡，受自然界無名的靈體附身而慢慢從點到線到面的侵蝕，聲音雖飄散緩慢但侵蝕確實存在。因為身體的某些部分產生了變化，從耳朵聽見廣播開始，音韻似蟲蔓延到眼眶、鼻腔、腦門、喉嚨、心肺，終至小腿肌肉抵達腳趾前緣。「蔣佩今天早晨過世，遺體將會從德里運回德蘭薩拉，明天早上將在大昭寺舉行喪禮，紀念蔣佩，同時紀念藏人的苦難。」傳聲筒的高音頻刺激著睡夢者的意識，受到打擾而中斷睡眠，皺著眉頭吃力地撐開眼皮，聽見斷續的音階但無法組合完整字句。於是，躺在床上未移動身體，再次閉上雙眼試著將碎裂的字詞拼接裝配。自己完全無意識盛會即將來臨，只知道有場紀念活動，大家都會參加，當然也包括自己。大昭寺周邊擠滿了群眾，或持咒念誦、或交換情報，原本大昭寺前兩三個賣小籠包的藏族小攤位，這幾日已被印度小攤販給霸佔了，同樣是一張椅子一口爐，但掀開蒸籠蓋的主人不同，便失去了購買的欲望。主殿一樓已布置完成，眾人聚集在白色布幔覆蓋的平臺前，抬頭看著高掛的雪山獅子旗，以及兩旁蔣佩以西的笑容與拙火覆身的身影。平臺的大小正好是棺木的尺寸。比利時友人與我相約在大殿碰面，遇此場景不解地問道：「為什麼藏人選擇自焚？」在客觀的歷史條件分析之後，我失去了回應這個問題的立場，我不是藏人也沒有自焚。

我倆以順時針方向繞著大殿散步，解釋著主殿與側殿供奉的神像和來歷。雙手合十自頭頂、鼻尖、心臟三處頂禮膜拜，在釋迦牟尼佛前我閉起眼睛持咒冥想，祈請菩薩賜給我面對苦難的勇氣和智慧。我的眼眶突然濕潤，所有關於自己的與他人的艱難，一下子全湧現在冥想的片刻。我緊張地立即斷絕念頭，深吸一口氣，將胸口鼓脹的抑鬱自嘴裡吐出。這廢氣又遠又長，必須反覆練習幾次才能順利睜開眼睛並離去，而且離開時帶著剛跑完長跑的疲憊感，頭腦無法再多做任何一丁點思考。遇見拿旺聊了兩句，他對我說：「很高興看到妳來致意，這對妳、對藏人都很好。我沒有勇氣自焚，但是我能夠做的就是追悼蔣佩，為他祈福誦經，讓他帶著所有藏人的祝福好好地離開，也讓全世界都知道西藏人面臨的痛苦。」拿旺說完明天見，便轉身沒入祈福法會的人海裡，要了本念誦經文，找個軟墊空位坐下，翻開經文本落入唱誦冥想的世界裡頭。此時，我知道自己不能繼續留下，必須在最短的時間內離開，否則情感將無法控制地脫韁而出。

自焚英雄遺體回城的單行道路

清晨五點十分，我在烏鴉叫聲中拉開暗紅色羽毛睡袋的拉鍊，冷空氣旋即入侵而打了個冷顫。扭開水龍頭先過濾水質，因山城水源缺乏，加上蓋樓工程日益增多，水管裡流出來的水夾雜著大量泥沙，或是老舊管線裡的廢五金碎屑，淨化水質成了山城某種高級生活的象徵。我將安慰用的過濾水倒入電茶壺裡煮開，邊構思今天的行程安排。「八點」，聽聞是這個時間舉行蔣佩以西的喪禮，心裡盤算著七點半出門。將陽臺門打開、泡了杯熱茶，坐在床沿邊呆滯地看著門外積雪遠山。常常都是這樣的狀態，無聊地等待某個時刻到來。「所有事，能逛的繞的去的做的都完成了，飯也吃了，澡也洗了，然後，現在時間傍晚五點半。」初抵山城某日我在筆記裡寫下這段話。此刻，只是等待著七點半，如此而已。梳洗結束後打包垃圾，想著進大昭寺參加喪禮前，可將這兩日累積的垃圾丟在寺院前方的垃圾車裡，並且提早出門繞經輪。

六點三十分，比預定出門時間早一個小時，提著報紙糊起來的垃圾袋出門。循著山路捷徑緩步爬坡向上，剛甦醒尚未活絡的身體吃力地應付著高山溫度和氣壓，有一點喘，並開始感受到胸腔劇烈地運動，呼吸顯得深且沈。印度苦力人家燒柴的煙燻味飽滿地停留在鼻腔至肺腔間，想躲都躲不了。每出門一回便要爬山一回，腦子也就動念一回，想著是否該重新找個安歇之處，至少離山城中心近一點，不需要鎮日上山下山。終究在我離開印度前，仍舊每日重複著這個身體和精神的運動循環。轉進山路連接主要道路出口時，至為震驚。一般來說，得先步行過盤旋向上的泥路山徑，再走一段鑿除山壁而鋪蓋水泥的狹小簡易道路，右轉上一段六十度傾斜的二十級石階。在石階最頂端雙手頂撐在大腿上、彎腰奮力喘息的同時向左看，大昭寺前的風景與人潮盡收眼底。然而，當天七點，我卡在石階前方無法前進。

民眾在太陽出來前便聚集等待，據言遺體已在路上，隨時抵達山城。此時陽光初露，斜照在大昭寺的邊上。人群環繞大昭寺，手持白色綢緞哈達，肩披紅藍黃相間的雪山獅子旗，低聲吟唱著誦經文，頻率緩慢而細微，彷彿將呼於喉頭的音苗硬是吞回去的咕嚕聲響，在眾人的唇齒之間盤繞，形成一種低頻單調的空氣震動。我站立在群眾後方轉動眼睛觀察情勢，心裡想著：「這麼早就這麼多人，不可能擠到前面丟垃圾了，怎麼辦？」趁胸腔起伏大口喘氣的平復片刻，順勢調節了手提垃圾卻不知如何是好的窘迫，呼吸之間決定先將垃圾放在某一級石階的角落。接著，側身越過一個又一個油脂味極重的身體。就在那長時間未清洗身體與衣物的酸腐味道、原訂計畫遭到推翻所引發的紛亂暈眩，以及不知前頭究竟是什麼模樣的恐慌感受下，慢慢擠到第一排看得見主要道路全景的定點停了下來。

進山城的山路上有個分岔路口，以坐落在小土堆上的茶舖為分界點。Sky Café，正如其名，攀爬至山城頂端的路徑以十至十五度的仰角緩緩上坡，為對抗離心力而力圖平衡的前傾身體，抬頭時只見土堆上的茶舖及孤獨高傲的樹，而背景是清澈無比的高山天空。車輛行經至此，必須右行進城，單向順行終至環繞山城一圈，又見分界的茶舖，如此完成車輛單行以疏解狹小城中心會車的壓力。載著蔣佩遺體的救護車就是順著這個方向行進，終抵大昭寺喪禮現場。我緊挨著人群，稍一撇頭便感受到旁人吐出的濕熱蒸氣，趕緊往後仰頭拉開彼此距離，卻又撞到另一邊鄰人的鼻頭。站在單行道一側環顧四周，幾個熟識的臉孔映入眼簾。僧人洛桑看見我，揮手打招呼，我僅微笑搖手回應，無法過街問候。人群站立等候多時，每當車聲傳來，便以為是載著自焚者遺體的靈車。

印度警察為使眾人騰出車輛前行的細長空間，不斷揮舞警棍、吹哨驅趕，待車子駛過眼前才發現仍須繼續等待。隨著時間過去一陣子，人群又稍微移動，企圖爭取較多的呼吸空間。於是車道再次呈現零散多角的彎曲線條，下一輛車子到來時，印度警察又一次勸退淨空。群眾繼續等待，眼望單行道來車方向的盡頭。

八點五十分，印度警察哨音聲響，群眾聽見救護車的鳴笛，併攏朝上的手掌心垂掛著白色哈達，嘴裡持咒，彎腰禮敬迎接。原本低頻的念誦音調瞬間迸發，企圖掩蓋過救護車刺耳的鳴笛聲。率先出現在眾人眼前的是舉抗議旗、訴求加入聯合國的青年會成員。他們身穿布鞋、牛仔褲以及白色男性傳統藏服，斜襟上的銅釦並未收攏，黑色獵袍橫綁於腰間。這樣的裝扮於高山再適合不過，空氣乾冷溫差大，毛料的獵袍可隨時披身禦寒。隨後，前導警車出現，緩慢地為後方的蔣佩開路。前座的印度警察頭手探出車外，警棍在空中直畫圈，提醒眾人讓出道路。警笛與藏音唱誦盤旋空氣中，耳鳴似地使得太陽穴隱隱作痛。長時間身處擁擠中而僵直的身體，為了想要看清楚救護車，姿勢顯得有些怪異。雙腳不可越界，但身體和頭顱早在界限之外，尤其是眾人高舉相機或手機的雙手，以極其誇張的方式宣告看見靈車的那一刻。救護車車頭披掛著雪山獅子旗，車身則是蔣佩的照片，身穿黑白條紋毛衣、牛仔褲的二十七歲男孩，雙手自然垂落，看著鏡頭面露笑容。沿途群眾拋擲白色哈達至救護車車頂，在早晨金黃色光線中，白色綢緞不斷地揚起落下。救護車以時速五公里的速度開進了大昭寺側門入口，群眾則蜂擁轉往寺院正門，人流般地擠身進入喪禮現場。此刻擁擠的情緒是急躁的，但步伐挪移的速度卻似蝸牛那般緩慢。

喪禮儀式撫慰集體哀傷

眾人按進寺院的慣性路徑前移，但人潮過多以至於移動困難，於是有人開始往側邊小道脫逃。這個慣性路徑上有個檢查哨，用來攔阻遊客攜帶危險物品進入大殿。「今天檢查哨應該撤掉了才對，如果有恐怖攻擊，現在是最佳時機。」我挪動雙腿、拉直頸項試圖看清楚前方狀況時不免這樣想著。終於順利進入大殿，走進喪禮現場才發現人群早已滿布，驚訝之餘聽說清晨六點前，僧侶、學生及藏人居民早已坐定。紅色僧袍與綠背心學生制服充塞在大昭寺中庭，令人動彈不得，只能在坐定的前排與後排間礙手礙腳地往後方縫隙走去。以為找到了暫棲之地，才剛站定或坐下，旋即被後方人流推擠再往前走。就在尋找安適的悼念空間之際，救護車駛抵喪禮現場，停放在白色平臺的另一端，全場起身肅穆迎接。蔣佩的棺木自救護車後門滑出，抬棺者以一種無法想像的緩慢速度前移，彷彿那白色平臺在世界的另一個端點，沈重的氣息使得棺木無法抵達弔唁平臺。我有點吸不到新鮮空氣而覺得頭痛，很想離開沈痛的喪禮，但氣氛又過於凝固而走不了，就像有人掐住自己的喉嚨強迫留下。現場一開始顯得騷動，唱誦、衣物磨擦、耳語碎言、相機快門的機械聲響，讓移靈時刻並不特別安靜。當引唱僧侶發出第一聲唱誦低吟，全場數千人跟隨，白色哈達漫天翻飛，後方拋來落下的，前方拾起接續拋擲，白色綢緞約莫進行十個拋物線後終抵棺木停放處。

發言者眾多，但事實上我聽不懂。西藏語言運用在追思的情境時，已經脫離了我熟稔的日常生活片語，只能從成段的敘述中擷取單字，再由單字拼湊意義。我隻身前往，身旁少了個可以協助轉譯的幫手，環視周遭之人全不認得，但即使熟識也問不出口，因為所有參與喪禮的個體（包括我自己）都在孤寂情緒中處理這極大的傷痛。然而，藏人透過發言者追悼的語言感受相互之間的安慰，他們口中吐出的每個語句都像是對個體進行精神喊話，時而哽咽、時而激昂。追憶伴隨著勸世不斷透過語言放送，擴音器傳出的藏語像是會飄浮一般，一直在太陽穴附近盤旋，冷不防直挺挺地撞擊聽者的內心，於是大夥哭泣、微笑、相擁或對望。藏人的孤獨在發言者的語言裡獲得慰藉，但我卻也在這裡再次失落。一方面，身為西藏世界裡的異族，自焚者與我非親非故、異文異種，在無法確定發言立場的尷尬處境中，說不出「我經歷傷痛」；另一方面，那心裡不知該揣度多少力道的傷痕，在喪禮的現場無法藉由哀悼語言獲得勸慰。我確實沈痛，但現實處境讓我的痛懸置了起來，說不出口也處理不了。這無言的痛沒有辦法對外釋放，也收不進心裡。與藏人四目交會時，我失落的眼神正如內心的空洞，無論是身體還是精神，從一開始沒朋友到後來有了朋友，都注定孤獨地存在。西藏國歌揚起，覆蓋雪山獅子旗的蔣佩棺木，終究還是上了救護車，準備以火終結肉身。當群眾帶著淚痕微笑散去時，我只能呆立在原地無法動彈，深怕離開了就完全落空：「原來是個陌生人。」香燈師見我站立未動，捧著微微發霉的海綿地墊向我走來，對我微笑並說：「英雄啊！」那一刻我竟渴望蔣佩以西是我的民族英雄，然而，我又一次失落，因為他不是。蔣佩以西留下遺言：「我相信我們將在西藏首府拉薩相聚……我所說的是六百萬藏族人民的事，這是場民族抗爭……我認為是該付出生命的時刻。」閃過族群沈痛宣告的這一秒，我記起了放在石階角落、用報紙包起來的垃圾，心想著：「要記得丟。」於是走出了大殿。

儀式的神聖性與精神召喚

二〇一二年三月三十一日，《印度時報》刊載一篇關於西藏青年蔣佩以西於德里自焚後，遺體運回德蘭薩拉並舉行喪禮的消息。報導以「千人參與受難者的火葬儀式」為標題，同時將受難者（martyr）以括弧表示。西藏流亡行政中心福利部官員索南多吉（Sonam Dorjee）受訪時說：「非常遺憾在德里的行動中藏人遭到逮捕，在這個藏人獻身自焚的特殊時刻，我們需要全球的支持。」

蔣佩以西是西藏第三十二位自焚者，[2] 自焚人數有著各種說法與爭議，中國的官方紀錄與民間的追蹤訊息之間形成落差。儘管對實際自焚數字的爭論未休，數十名自焚者及自焚獻身的舉動已成為藏人社群的討論議題，也是西藏族群面對流離生活的共同記憶與傷痛。

二〇一二年三月，我第四次停留印度、初抵德蘭薩拉不到一個月，便連續經歷中國境內外藏人自焚事件。通常都是我依著日常生活起居，走在山城幅員不大的城中心，遇見熟識者或報導人時，對方問我是否聽聞犧牲者的訊息，然後告訴我又一起關於藏人抗議、被補、入獄或自焚的犧牲事件。屯墾區的藏人以「犧牲者」或「民族英雄」來指稱自焚者。每當中國境內外發生自焚事件，山城青年組織便會舉行悼念儀式，且積極透過各種宣傳方式來傳遞藏民族的生存處境及運動訴求，而這項舉動又透過網路資訊傳遞連結國際社群，達到全球運動的互通。成長於德蘭薩拉的青年蔣佩以西自焚的消息令全城激動，相較於屢屢聽聞四川或甘肅等藏區的自焚消息，某種程度上，這起自焚事件發生在鄰近城市，且自焚者是個可觸及的形象。眾人的哀傷以一種集體哀悼的形式表現出來。報導人拿旺說：

那是很值得紀念的日子，很多人哭，我也哭了，就像是失去手足一樣。我不認識他，但西藏社區人又不多，大家的相處非常緊密，而他的死去是為了西藏和平。他做這件事情非常勇敢，那是為了西藏和平而做的。葬禮當天我哭了，回家之後頭非常痛。自焚對西藏和平來說是非常重要的，因為他是傷害自己，而不是傷害別人，這是佛教徒的作法。如果他傷害別人，那就是犯了罪，非常不好；但如果是傷害自己，為的是眾人的和平，那是最高境界，心智上獨特的境界，非常重要。雖然我沒有精研佛法，但我知道在佛法上這是非常重要的行動，藏文有字傳達這個意思，但我不會用英文表達。獻身給眾人是重要的。你知道這事發生後，很多人也想要這麼做。現在這個狀況對藏人來說是很困難的，局勢很不好，你想做想為藏人社群付出，但也不知道該怎麼做。

蔣佩以西的喪禮或任何悼念自焚者的紀念活動，都是在個人生命與族群生存間透過追悼儀式產生神聖性——視自焚者為民族英雄，視族群生存為不可侵犯的價值。英雄式喪禮的西藏宗教儀軌寓意，有如涂爾幹在《宗教生活的基本形式》中描繪儀式崇拜作為人與神聖之間的連結，不但反映神聖世界的規則，也呈顯組織的集體活動。涂爾幹指出透過每年固定的集體儀式來確立圖騰氏族繁衍昌盛的意義。「如果說喪禮與其他積極崇拜儀式不同，但至少在一點上它們是相同的：它也是由集體儀式組成，它們在參加者中產生了興奮狀態……為了對這種損失作出反應，全體成員便集中起來。共同的不幸與臨近幸福事件時一樣使集體情感重新喚發出來，使人們團結起來。」[3] 這是種集體歡騰的意義確認，透過喪禮的安排和運作，參與喪禮的「群眾」共同完成了意義的建構。蔣佩以西的喪禮正是在這種儀式的推演下，完成個人與神聖性、族群集體意識及族群生命間的意義創造。因此，自焚所引發的族群運動含有三種內涵：第一，將個人獻身視為族群的犧牲；第二，個人獻身具有族群生命延續的重大意義；第三，個人獻身的價值背後有一個更大的指向——中藏關係。

團結向上的精神力量

葬禮在特定的時間與空間中，將移居德蘭薩拉的流亡藏人集合起來，並且在這個集會中，不斷透過語言來敘說自焚者的遺願和西藏族群的未來。

> 自由是所有生命獲得幸福的基本理念，沒有自由就宛如風中的酥油燈。我們清楚了解六百萬藏人的前途，只要同胞們團結一心就能達到目的，不要失去信心。我所說的是六百萬藏族人民的事以及所進行的民族鬥爭，現在是到了有錢出錢，有文化者出能力的嚴峻時刻，我認為也是應該付出生命的時刻。二十一世紀的今天，奉獻自己的生命是為了提醒世界人民：六百萬藏人沒有人權的處境，若真有慈善心，請你們關注弱小藏民的真實處境。[4]

當典禮主持人宣讀自焚者的遺言時，忍不住情緒激動啜泣，哽咽聲透過麥克風傳出，全場壓抑的情緒宛如機關槍卡榫打開後傾瀉而出的子彈，現場哭泣與擤鼻涕聲音不斷。致詞者都是藏人社群裡的重量級人物，包括自焚者家屬、青年會成員、議會代表等，後者在追悼自焚者時不斷宣告：「西藏族群的生存除了是西藏人的事務外，更是全球社會的道德責任。蔣佩以西是西藏處境的犧牲品，而這犧牲是全世界（所須付出）的代價。」發言者情緒亢奮，演講臺面向棺木前方或坐或站的群眾，群眾頭綁標語、身披雪山獅子旗、手持加入聯合國的訴求，無不在哀傷中尋找繼續生存下去的形式與意義。「當一個群體因失去一個成員而感到失落時，這種失落感構成了哀悼的基礎，它使人們集合起來，使他們的關係更密切，把他們聯合在相同的精神狀態中，這樣就造成了一種安慰，以補償原有的失落。」[5] 個人的失落透過集體儀式轉換成群體的精神團結，失落不再由個體孤獨地承擔，反而轉變成群體向上的精神力量，痛苦的事件化為具有生命力的精神狀態。這種向上精神力量的刺激來自於喪禮，透過集體強迫面對哀傷、集體表白使社會恢復能量的儀式，將痛苦瞬間導向精神的歡愉。

氣溫尚屬微涼，但現場緊挨著的人群，和不斷被誘發並相互影響的情緒，無論是哀傷或是激憤，皆使得喪禮的熱度增升。儘管舉行喪禮的大昭寺廣場四面空曠無遮蔽物，但因現場溫度升高使得氣味更顯混濁，微微出汗的身體酸味融混着衣物因水源不足而甚少清洗的油脂味，再加上燃燒松枝葉的薰香煙霧，空氣凝滯了起來。現場猶如魔幻電影，僧眾的衣袍構成畫面巨大的紅色色塊，拼貼般地散布在蔣佩以西的棺木四周，電影膠卷最終在經文誦唱聲中收尾。自焚者的棺木再次由西藏青年扶靈送上救護車，全城送行者跟隨在後，緩步走向山腰邊的火葬場，陪伴自焚者的最後一程，同時迎接山城生活的另一個清晨。

藏人受苦的集體性及其意義

二〇一一年，中國境內外藏族自焚人數激增，引起藏人社群及國際社會的重視與討論。二〇一二年，蔣佩以西在德里的自焚抗議與在德蘭薩拉舉行的喪禮，對藏人社群而言，是繼抗議北京二〇〇八年奧運之後重要的民族運動事件。蔣佩以西的自焚在西藏民族國家爭議的歷史進程[6]中具有兩個關鍵意義。第一，蔣佩的自焚真實地發生在印度流亡藏人社區，而社群也真實地為他舉辦隆重喪禮，有別於其他自焚消息僅能透過口耳傳遞和遠距默哀，遙想一個真實發生卻又不真切觸摸得到的經驗或事件。紀爾茲（Clifford Geertz）借重語言學表述方式提出「經驗親近」與「經驗疏遠」的差別。[7]當流亡藏人社群能夠鉅細靡遺描繪自焚者的生平經歷與處世為人、自焚事件發生當下的來龍去脈，以及喪禮準備與悼念儀式的整個過程，再加上個人因實際參與追悼而引起的哀傷情緒，此種「經驗親近」便將藏族社群給組織了起來，彷彿每個人都是自焚者家屬，帶著喪親悲痛面對親人離世的事實。在此，人與人的敘述語言達成一致，且敘說獲得了言談雙方對等的理解。而那些耳語聽聞的遙遠自焚消息僅停存於知識性訊息取得，以一種自焚者數字不斷攀高的認識現身，在耳語之間真實地虛構了一起自焚神話，或者反過來說，虛構了遙遠自焚者的真實性；同時，更進一步地將此真實與虛構並存的認識，直接帶進抽象的族群生存論述之中。然而，經驗親近的自焚事件不從抽象的族群論述出發，而由個人的哀傷情緒和眼淚中獲得認識。此哀傷情緒集結成為一股巨大的族群情感流動，透過集體情感意識到自己存在的價值和意義，也在集體苦痛之中重新獲得族群生命延續的信心。

族群情感的集結和生存信心帶出了第二個關鍵意義。儘管自焚事件對藏人來說是民族傷痛，但在民族運動上，傷痛反而成為具體可論述的焦點。這是繼二〇〇八年北京奧運作為西藏民族運動現身的舞臺之後，中國因經濟起飛而分外擱置社會議題的現實下，另一個扮演族群運動重要角色的論述事件。不同於過往著重歷史主權的爭論、人權議題的訴求、語言文化的保存等，自焚事件在西藏族群運動上注入了鮮明的受苦形象。藏人在描述自焚者如何為族群犧牲的同時，也道出自身苦難的移動經驗。然而，後者的辨識度比前者要模糊許多，在傳遞苦難敘說上較無法讓人想像敘說者的面容。因此，在眾多自西藏翻山越嶺、冒險來到印度的生命圖像之中，自焚者具體產生了一個易於指認的受苦對象，此受苦對象成為六百萬個別藏人的集合體，所有關於受苦的經驗與記憶全交託給自焚者。換句話說，自焚者成為藏人受苦的代言人，為六百萬藏人創造出一個苦難敘說的空間，在這個敘說空間中，不但直接指認自焚者，也間接描繪了西藏族群。哈布瓦赫（Maurice Halbwachs）在論述集體記憶時闡述了群體給予一個框架和空間，才使得記憶得以延續並成就其集體性。「記憶給了我們一種幻覺，讓我們覺得自己正生活在不會囚禁我們的群體中間，只有當我們願意接受這些群體，它們才能加諸我們身上，而且只要我們願意接受這些群體，它們就能加諸我們身上。」[8] 受苦個體的苦難經驗在自焚者所創造出來的空間裡獲得肯認，同時擴展成為族群共有的敘說和回憶，在此敘說空間中，個體傷痛獲得集體性的理解。

在公共空間中進行敘說的集體記憶，透過儀式操演、身體實踐及語言描述來傳遞，記憶材料不斷藉由眾多個體的自我敘述構築而成，一如劉康對巴赫汀（Mikhail Bakhtin）思想中的眾聲喧嘩式集體記憶形塑歷程之評註，[9] 共同記憶並非由單一的官方敘述語言所建立，而是透過鄉野口述來完成；更進一步，記憶所言的過去事件是敘說者運用現在情境語言描繪而成，精神分析將此視為個人經驗的重構歷程，為了抑制強迫性重複，而將身體經驗轉化成記憶工具，同時透過敘說將現在生活的述說轉向過去，以重構有關過去的經驗敘述。「記憶完全不是孤立地回顧事件；它要變得能夠形成有意義的敘述系列。」[10] 過去及現在透過記憶的交會成為銘刻的身體經驗。自焚者的英雄事跡、流亡藏人的移動經歷、在印度客居的日常生活等，經由敘述繁衍成為族群共同記憶，藉由這些共同記憶，受苦的過去與現在獲得了聯繫及肯認。

與死亡鑲嵌的哀慟復仇和民族情感轉折

人類學家羅薩多（Renato Rosaldo）指出伊隆喀族（Ilongot）的獵首乃

基於喪親的哀慟情感必須找到釋放出口，透過獵首並丟棄頭顱得以抒解哀傷情緒。[11] 喪失親人後會處於悲憤的心理狀態，獵首可抒發無處宣洩的情感，獵首是集體復仇與創傷撫慰下的暴力。羅薩多直到摯愛的妻子過世，才深切體會伊隆喀獵首行動的情感轉折。藏人自焚背後涉及的民族情緒，宛若伊隆喀族以獵首暴力來平撫憤怒的情感，受壓抑的情緒透過儀式（自焚者的喪禮）獲得治療，哀傷的集體力道回擊在族群運動路線上，並且帶著為自由獻身的淒美。當全球西藏流亡社群不斷以蔣佩自焚狂奔的照片，作為運動策略布達宣告的底圖，進而企圖召喚全球關注時，一併加劇了民族運動內部的張力——關於個人與集體的運動路線掙扎。自焚帶著兩種民族情感：一方面是個人面對極權統治壓制的吶喊，另一方面則是西藏集體民族意識的情緒反擊。前者，除了蔣佩以西等少數在德里的案例外，九成以上的自焚事件都發生在中國內陸藏區。自焚作為統治政權下生存空間受到擠壓時的抵抗行動，當中國行政體系以完全控制與同化的手段，來壓縮西藏族群及文化的開展空間，藏人集體反抗行動成為不可能。於是，族群面對強勢政權與文化輸入的不滿情緒勢必由個體來表露，且表現手法非得極端不可，否則抵抗行動將輕易被中國政權擊潰，而行動者也將受到更嚴苛的懲罰。這時，自焚成了激烈抵抗行動的表現形式，不但能達成反抗的目的，也可逃脫接續而來的懲處。[12]

自焚暴力也是集體性民族情緒的反動，只不過是由自焚者道出而已。藏族流亡居停的印度在獨立歷史中，也曾因民族運動路線爭議而發生族群內部階級間的暴力反抗。極為劇烈的暴力事件是興都教義分子戈德瑟（Nathuram Godse）為保護階級利益而暗殺甘地——最終悲壯求死以成全民族主義大業的暴力（犧牲）途徑。南地（Ashis Nandy）指出甘地受政治暗殺起因於他的行動取向，不但挑戰印度社會中的雄性特質，同時威脅掌握權力與資源的興都信仰主義者的優勢地位。[13] 甘地的政治運動直接刺傷甘心受殖民的中產階級，而對雌性特質的擁護則動搖了印度既有的文化結構。這種政治顛覆藉由甘地所欲強調的集體倫理公共性，一再挑弄興都信仰者的神經。最終，遭受甘地政治理念擠壓的印度社會核心分子戈德瑟，隻手槍殺了甘地。

戈德瑟作為獨自完成暗殺行動的殺人犯，並不推卸責任，反而沈靜地舉手接受警方逮捕。刺殺甘地看似個人行為，事實上，戈德瑟的社會條件與地位正是甘地和平運動中所欲邊緣化的階級。戈德瑟行刺甘地的心理狀態，突顯的是握有資源的既得利益者的共同焦慮。這些社會核心成員急欲維持既存傳統，但延續過去優勢地位所造成的階級區分正為甘地所反對。甘地遇刺可說是與都信仰者集體民族情緒的共謀，藉由戈德瑟的手終結了民族主義的危機。藏人自焚也有著對中心政權提出質疑的民族情緒，這股集體的民族反動力量源自特定族群或階級的生活遭受壓抑，集體求存的民族情緒出口在於單一個體激烈的行動宣誓了自由之路，儘管手段堪稱暴力。印度民族主義衝突（槍殺）與西藏民族情感衝撞（自焚），皆在各自民族運動的演進過程中扮演著極為重要的生存意義，在民族主義的框架下，犧牲者所共同企盼的是族群生命的延續。不同的是，甘地遭暗殺的導火線為將核心推向邊緣，壓制了印度原本社會中既得利益者的優勢地位；而藏人自焚則是在受壓抑的集體民族主義意識中，企圖透過自焚將邊緣議題推向核心，擾動中心穩固不動的政經地位，以反擊外來殖民與文化威脅。戈德瑟背負興都信仰者的民族主義，扣下了槍殺甘地的扳機；藏人不能殺人，於是槍口朝向自身為族群壯烈犧牲，以釋放失去民族自由之慟。甘地的和平運動在其晚年走入胡同，他自己也看見族群正在分裂的印度後殖民社會，於是渴望求死作為神聖戰役的悲愴句點，甚至試圖以激將法逼謀害者出手。壯烈地死亡成為民族主義運動者的企求，甘地、戈德瑟甚而藏族自焚者皆然。「他只希望勇敢地受死，覺得那可能是他的最終勝出。」[14]

終章

民族苦難的精神氣質：後殖民的心理糾結

「我是什麼人？聽我說！因為我是如此如此的一個人，可別把我同他人混為一談！」[1]

「從小，我媽就計畫著將我送到德蘭薩拉。一直等到我小學畢業。有天晚上，我就這麼出發了。」定／暫居於印度北部流亡藏人屯墾區的報導人，述說著他自西藏一路跋山涉水，花了超過一個月的時間徒步至印度；為了取得難民證，得再次移動到鄰國尼泊爾難民營，停留至少三個月；取得難民證後又一次離開尼泊爾，轉往落腳於印北山城；報導人最大的願望是遷移到歐洲。在這個移動路徑中，歷經了行政區域劃分下的三個國家，以及長達十年以上的謀劃。相異的空間與分割的時間反映出流亡藏人的自身認識。「我每天睜開眼睛就感謝有今天，然後接著想：『今天』我在『哪裡』？」

缺乏連字號的難民身分矛盾

對藏人和印度人的民族發展歷史來說，離散都是族群生命經驗的重要歷程。「家鄉」與「移居地」之間的跨國空間移動，必然產生關於地景、社會行為、經濟活動和文化認同的轉變。[2] 伴隨著人口、資本、商品、科技與技術等遷移，跨國移動連帶牽動了無形的情感、記憶、生活信念與價值的變化。卡斯提爾司（Manuel Castells）即言明離散是「流動的空間」。[3] 離散所牽涉的「離家」與「返家」概念，暗指著離鄉之人皆有回鄉的渴望。美國的移民及歸化局（INS）統計資料顯示，在一九七〇至一九七四年間遷移並入籍美國的移民中，二一．五%於一九八〇年代回歸出生國。二〇〇一年針對美墨兩國近七千五百家戶進行的問卷調查顯示，五〇%以上的墨西哥移民計畫於兩年內離開美國返回墨西哥家鄉。然而，作為流亡者的藏族難民，面臨著與墨西哥移民相異的回鄉條件。根據聯合國難民署的資料，一九九〇年代興起的難民返鄉潮並未使得難民回鄉之路從此開闊。一九九八年，全球計有二千二百五十萬難民，其中三百五十萬人返鄉；二〇一一年，全球難民人數為二千五百九十萬人，其中僅五十三萬二千人歸返。[4] 當難民人數日漸增加，得以回家的人數卻相對減少。一九九〇年代難民返鄉人數眾多，乃因東南亞內戰趨緩，國際社會有計畫地「遣返」居於泰國邊境的各國難民回鄉。在關閉泰國邊境各國難民營的同時，國際力量也隨著難民返回其祖國，透過各項戰後發展計畫，試圖穩定難民回家之路。而二〇一一年難民歸鄉人數縮減，顯示出因戰爭、政治或經濟因素被迫離鄉而成為流離失所狀態的人口，在促使其決定離開的巨大壓迫尚未緩解前，必須繼續留在非家鄉的空間中等待返家的可能。

另一方面，回家之路受阻的難民也試圖透過合法的庇護及歸化程序，成為移居地的新移民。此途不僅能確認國家歸屬，以有實權的公民地位來安頓族群文化身分，同時也能利用移居地公民的新身分返回家鄉，這說明了為何印度流亡藏人以移居西方作為移動的終點。難民的身分穩固始自在移居地取得國籍，成為帶有連字號（hyphen）的移居國新公民，如美籍藏人、法籍藏人等。對難民而言，那不僅在政治上具有身分確立的意義（享有作為一國公民的權利和義務），同時在文化上也象徵著異質並存的生活方式。難民的遷移多為非自願性移動，乃因生存狀態面臨強大的壓迫，而力圖遠離壓迫端所帶來的苦痛。然而，相較於自願性移民，難民身上背負的家鄉文化記憶也因為受迫離鄉而更顯固著，朝文化身分一方傾斜的連字號成為難民離散的重要現象。

連字號族裔雙重身分所蘊含的差異與混雜，展現在難民成為公民的生活樣貌上。然而，尚未取得公民身分卻已遠離家鄉的難民，即使缺乏連字號的混雜衝突，卻也存在著維繫既有族群身分的矛盾。哈維（David Harvey）的「時空壓縮」概念，[5] 進一步展露了「什麼也不是」的狀態，時空不僅壓縮，而且抽離的生存處境彷彿在真空狀態下活著。藏人離開家鄉，落腳在印度從北到南的屯墾區中，無論屯墾區呈現何種聚落形式——與印度人雜居（如北邊的德蘭薩拉），或與印度社群比鄰而居（如南方的拜拉古比）——流亡的生活狀態猶如被人自西藏一把騰空抓起再置放於印度的土地上。西藏難民渴望回鄉卻不可得，只能以一種沒有身分的身分在印度生活。他們在印度這個異鄉建立起過往家鄉的一切以供追憶，而這個打造回憶的過程卻因難民身分而格外破碎與不真切，就像是建立在流沙上的理想國，有隨時坍方的危險。當置身藏人社區，眼耳鼻舌身意所經驗的一切，會讓人誤以為來到了西藏。在某個街角或對話場景中，藏人突然說出「在西藏就是這樣」，而說話當下的空間實則為印度。流亡藏人在寄居地不停複製家鄉味道，努力與寄居地的既存生活劃清界線；族群生命被包覆在家鄉的保護膜之中，但保護膜內的整團生命卻是懸浮在異鄉。

貼附於印度社會的藏族離散

政治地理學中有個詞彙稱作「飛地」（enclave），意指在國家或地理區域中存在一個非隸屬於己方之地，可能是主權獨立國家，也可能是他國分散於外的領土，特色為疆界被某單一國家所包圍，彷若水中的一滴油脂，飛地以不融合的姿態受包覆於另一主權疆域之內。若將此政治疆界人文化，那麼流亡藏人屯墾區猶如印度社會中的一塊飛地，雖其地理條件與政治主權仍隸屬印度，但人文風貌卻迥異於印度文化。流亡藏人的日常生活實踐沿襲著西藏經驗，他們在印度屯墾區裡打造家鄉的記憶與味道。過去基於政經歷史脈絡，藏人有意識地與中國分割；落腳印度後，在藏族飛地裡的生活也刻意與印度社會劃清界線。藏人以不融合的態度讓身體感官與精神意識都停留在過往歲月的西藏社會中，儘管在印度的生活形式早已不同於家鄉。

不融合的態度表現在流亡歲月的日常作息以及與印度人的互動交往上。流亡藏人屯墾區裡的物質生活樣態保存了大量的西藏元素，如寺院與宗教儀軌、藏曆，牽引著日常行進規範、學校教育、語言溝通、租屋布置、飲食衣著等，將屯墾區模塑成為一個以西藏文化為基底的生活環境，企圖削弱因移動而來的文化衝擊。雖然憂心文化消解的情緒藉由物質形式的確立獲得安慰——打造一個如飛地般不受外力干擾的生存空間——但事實上，印度生活甚而西方文化以滲透的形式影響著西藏精神。當流亡藏人在印度國境內，以與印度社會最微量的互動形式生存時，那在移動過程中激發出來的民族情感顯得分外敏銳。在德蘭薩拉經營非政府組織而擁有相對優勢地位的藏族報導人談到印藏間的互動，他認為印藏關係必須將官方與民間分開討論：一方面，心理依賴印度官方的行政職權，但身體與之保持禮貌距離；另一方面，與印度市井小民生活緊密相扣，但心理上卻劃分清晰。「這裡還是印度管的，正式文件還是要印度政府給，但他〔印度政府〕可以不給，留在這裡要依靠印度。但是生活分開這樣比較好，政府對政府沒有大問題，就是些個人互動的小問題和衝突，像是貨物的價格啊、很像黑幫的計程車啊。」報導人達瓦以「印度政府是好人，印度人則不太好」的相處經驗，描繪屯墾區生活必須與印度社會適切分割，在「可以留在印度」的大前提下，減少與印度人的交際，除了安頓等生活事宜外，彼此生活圈的重疊不高。

不融合生活圈的族群加壓

藏人流亡印度五十餘年，於異鄉塑造宛如飛地的藏式生活圈。五十年來的不融合態度造就了印度境內的西藏村莊，且以此姿態吸引全世界各地的旅人駐足，其中也包含印度本國人。由於印度總體經濟成長加上區域觀光發展，流亡藏人屯墾區以獨具的文化表徵成為印度政府推銷山區觀光的重鎮——作為靈性追尋、宗教文化及人權自由表率的避暑勝地——因而造成印藏不相融的生活圈起了些許化學效應。中國嚴格管控西藏自治區，限制外國人抵達的時間及形式，旅行者相對不易親訪中國藏區；位於印度邊陲城市的屯墾區，則因藏人聚集終日操演西藏文化，而成為吸納全世界旅人目光的焦點。印度觀光發展、中國封鎖藏區及流亡文化展演三要素，強化了印度流亡藏人屯墾區的重要性——不受印度文化與中國政治干擾的西藏城市風貌，那是少數民族生存的表現形式。原本藏人的生存位處中國與印度的邊陲，無論有形的地理條件與政經地位，或無形的文化實踐與精神思想，皆受中國與印度的擠壓而帶著枝微末節之感，但基於這無謂輕重的族群定位及備受壓抑的生活條件，反而開展了藏族文化實踐的空間，使得流亡藏人得以將印度社會隔絕於生活圈之外。於是，藏族流亡屯墾區一躍而成邊陲的中心。然而，全世界旅人的造訪和關注，一方面創造了藏族流亡議題的可見性，迫使中國、印度甚或全球扛起處理西藏問題的道德責任；另一方面卻也因為受到世界眷顧，而引發主權與土地擁有者（印度）的青睞，流亡屯墾區越被視為發展經濟的資產，西藏文化的生存空間就越顯壓縮。當印度社會宣揚領土內的異文化資源時，支撐宣傳口號的實質行動則回過頭來壓制藏人的生存空間，以一種無所防備的態勢侵擾了藏人長久以來的不融合態度。

觀光客的聚集加劇了屯墾區的生活變化。以德蘭薩拉為例，山坡地上超蓋房舍旅館，加速土石流現象以致連年災難；觀光季節山區水資源不足，導致印度商家搶水做生意，藏族租屋者無水可用的窘境；遊客增多使得物價上揚，但藏人卻苦無工作機會以支付日益增高的生活所需；交通運輸及道路設施跟不上觀光客人數的成長，以至於山城總是擁塞難行；人口驟增導致垃圾量增加，垃圾掩埋與焚燒議題分外棘手。這些環境變化，對印度人來說是追求經濟發展與個人所得的指標，但對流亡藏人而言則是無法掌握生存空間發展權力的重擊——任憑印度人宰割的物質生活。多數報導人面對屯墾區多年來的轉變，不免發出無奈且憤慨的聲音。「很多藏人來，觀光客也來，房子一直蓋一直蓋，物價一直漲一直漲。但印度人蓋這麼多房子，租給藏人，都印度人賺錢，等到我們可以回西藏了，這些房子給誰住？牛一隻一間吧！」僧侶米瑪認為藏人無可奈何的身分現況，給了印度人予取予求的隱晦空間；藏人反擊不了，因為印度人制定了腳踏土地的居留規則。「藏人只能忍耐。」米瑪說道。

妲些是無法取得難民身分的黑戶，在顛簸抵達德蘭薩拉後，投靠跟隨達賴喇嘛離開西藏的親叔叔，以及在印度出生、流亡家族第二代的表哥。親人除了在公部門工作外，同時經營小旅館，妲些便在一樓為生活空間、二樓為出租房間的民宿內工作，清掃環境、整理房間、接待房客，負責旅館生意的日常行政瑣事。妲些的族群認同透過移動經驗洗練與生成。她在拉薩對學習英文不感興趣，起因於英國佔領西藏的歷史，「我們太恨英國了，所以不學英語。」然而，落腳印度後，不僅英文成為生存所需而得積極熟稔外，英國治理西藏的歷史紀錄也成了西藏歸屬問題的佐證，藏人引用過去英國統治的歷史來說明族群主權的獨立性。由於無法取得印度政府核發的無國籍難民特殊居留身分證，妲些在印度的生存完全遁入隱形。相較於難民雖不自由但尚屬合法的存在，「沒有身分」的人則以更加卑微的姿態生活。「我只能待在家裡不能亂跑，在外頭很危險，如果被抓到就慘了。自己要小心，有時候印度警察突然查的話。以前有一段時間聽說過到家裡來查，查了一兩年，所以大人說，像我這樣沒有證件，在路上要小心。每天唯一出門的機會就是早上去一趟大昭寺供茶、繞塔，結束就得要快快回家。」妲些因無合法證件而行動封閉。隨著打掃工作越加熟練，工作結束後只能留在房間裡的時光便越顯漫長，音樂和電影在妲些的隱形生活中扮演了重要的支持力量。「我都聽印度歌，也喜歡看印度電影，看印度人談戀愛，就在家裡哭。表哥下班回來前，要趕快關掉，因為他不喜歡我聽印度音樂。」妲些的夢想是去瑞士投靠姑姑，並且在瑞士結婚生子，而在理想尚未實現前，陪伴她的則是印度寶來塢的熱熱鬧鬧，極盡華麗的聲光樂音激勵著流亡歲月裡足不出戶的無聊日日。[6] 此景再度展現了印度社會對於西藏難民不融合態度的細微突破。

屯墾區作為連結世界的中心

香港中文大學人類學教授麥高登（Gordon Mathews）以重慶大廈為田野地，描繪在亞洲金融貿易活絡的香港，存在著一棟第三世界生存樣態總和的大樓。這棟位於黃金地段的十七樓殘破建築物集合了一百二十九種國籍，聚集試圖躋身第一世界的尋求庇護者、具發財夢的商人、非法臨時工、貧窮旅客及世界各國異鄉人，被視為另類聯合國。在高度現代化下的全球化現象中，重慶大廈聚合的跨國移動有別於企業全球經營所帶來的衝擊。那些拎著一只手提箱或租一臺貨車便著手國際貿易活動的商人，以規避法律條款的買賣途徑賺取小利，成功地擾動國家、商場或人際網絡等既定規則。這棟「低端全球化」的建築物，以極度混雜與隱晦的生存互動模式，立足於高度全球化的城市，以此為據點與世界各個角落連結。狹小、吵雜、擁擠、上演暗巷買賣及暗黑交際、充斥著劣質品與便宜貨的重慶大廈，以不可能翻轉為可能的迷魅姿態召喚著第三世界眼光。這裡不是香港，亦不是彌敦道上購物的常見臉孔。「假如你是華人，你進去大樓後也許反而覺得自己是少數民族人士，茫然不知所蹤。假如你是白人，你會下意識地摀緊錢包，不安之中還帶有第一世界國家的內疚。假如你是女人，說不定會感到不自在，因為你周圍有一百多雙男性的眼睛虎視眈眈地盯向你。」[7] 重慶大廈因人種混雜而產出相對應滿足各個種族、國籍的文化交往、飲食需求及商品流通。重慶大廈以「世界中心的貧民窟」之姿作為全球化的中心支點，連接著世界上許多其他類似的城市，包括曼谷、杜拜、加爾各達、加德滿都或奈洛比，開展以商品買賣為基礎的發展中國家經濟全球化現象。

印度流亡藏人屯墾區則是以身分歸屬為根底的世界支點，其散發端點不像重慶大廈以第三世界城市為落點，而是立足於發展中國家（印度）且吸納西方現代化薰陶。身分認同的全球化經驗不但表現在空間位移，亦展露於思想精神。居住在德拉敦（**Dehradun**）[8] 的僧人洛桑，每年要到德蘭薩拉一回辦理居留印度的證件更新，相較於德拉敦的城市景觀和氣候，洛桑對德蘭薩拉從不抱持好感：

> 「我不喜歡德蘭薩拉，人太多了。山上很小，人那麼多。德拉敦是個平原，很大，氣候跟德里一樣熱，但是人很少。我不懂這裡為什麼這麼多人？」

「因為達賴喇嘛在這裡啊！」

「所以，才有這麼多污染啊！心的污染。」

藏人冒險逃亡印度，基於政治與宗教壓迫者不計其數，但仍有一部分出於學習動機，如〈捷徑〉裡描繪的梅朵、〈思念轉化〉裡談及的格桑。報導人離開家鄉主要是因為聽聞至印度可見到達賴喇嘛，而能接觸的學習機會也較多，為了加強在西藏家鄉生存的條件與能力，所以翻山越嶺來到印度，出發時便已規劃讀幾年書後就要「回家」。因此，西藏與印度間移動的路徑，不乏抵達與歸返的旅人。但多數時候，來了便回不去。回不去的原因主要有兩類。第一、族群認同的轉變。原本對於自己身為中國的一部分不帶任何質疑，但來到印度後，流亡屯墾區裡的獨立運動和社會意識改變了藏人的族群歸屬與國家認同。格桑即為例證，儘管想念家鄉，但中國則回不去了。第二、移居西方的想望。對流亡藏人而言，西方除了作為現代化進步的表徵外，亦標誌著「返鄉」的里程碑——抵達西方，回家的路就不遠了。梅朵規劃學好英文和電腦，二〇〇八年北京奧運時要返鄉，屆時因為熟練多種語言，肯定在中國的工作條件與薪資都能相對提高許多。然而，卻在印度輟學、結婚生子，人生道路並未依循既有設計前進。儘管過程中不斷試圖取得證件回家，但最終還是借了錢讓丈夫跳機比利時，自己帶著女兒在印度等候依親。夫妻倆再次計畫移動至「錢比較大」的比利時，打工賺錢、成為比利時公民、拿著歐洲護照返鄉。在印度屯墾區，每天都有世界各地的藏人和旅人到達，同時也日日有人離開。

跳機翻轉西藏民族情感的糾結

流亡藏人屯墾區猶如過渡性的空間，藏人帶著「難民」這種過渡性身分居留於此。沒有主權，不是公民，也非觀光客或移民。自離開西藏家鄉後，以不著根／無法著根的方式在印度停留；與此同時，心緒冀望著離開印度，無論是隨達賴喇嘛帶領藏族人重返西藏，或是籌錢借款前往西方國度。以目前中國、印度及西藏的關係來看，前往西方國家或許才能較早踏上返鄉之途，且有機會躋身現代化摩登之中，更重要的是掙得了穩固的歸屬，獲取物質與精神上的安定感。「到了紐約，我還是藏族人，而且我能為西藏做的事情更多。我現在努力學中文，到了美國，我可以到中國餐館打工，雖然辛苦了點，但美國錢比較大，還錢存錢都比較快。」[9] 印度成為流亡藏人追求歸屬的中介點，即通往世界的中繼站。甚至可以說，藏人的離散生命建立在歸屬感的永恆追尋之中。這條西藏—印度—西方—西藏的移動路徑，是國家認同與公民身分的確立道路，此路途異於過往的遊牧部族生活形式，這段翻山越嶺的流亡歷程將藏族硬生生推入現代化國家認同中。這並不是說遊牧生活溢於國家之外，而是在遊牧民族的情感認同裡，國家是最末端的考量。然而，藏人之所以流亡，民族認同、與統治者間的歧異性乃首要緣由，那迫使藏人的民族情感追尋以國家界限為前提。

藏人的移動路線是由西藏出發、繼而回歸故鄉，這個迴圈促使西藏民族認同與情感歸屬在國家界限中產生弔詭的變化，同時巧妙安置了洶湧的離鄉情緒——對中國的抗拒。藏人因為反對中國統治而離開，逃亡到印度後竭盡心力與中國切割，不說華語、不為中國人打工，以在印度作為西藏難民來宣誓族群驕傲。然而，不穩固的族群身分帶來的物質與精神壓力非同小可，於是，跳機西方成為確立存在身分的管道。此舉可以安頓精神性的民族意識，填補難民缺乏連字號「什麼也不是」的離散空缺，以美籍藏人、加拿大籍藏人、比利時籍藏人、瑞士籍藏人或法籍藏人等身分，將自己穩定地放置在特定國籍身分之中。經由難民身分取得的西方國籍並不影響其作為藏人的民族情感，卻可因為西方特定國籍而以合法、有尊嚴的形式回鄉。[10]剛取得西方國籍的藏人在高度發展的西方社會裡，其勞動條件以藍領工作為起點。由於西方語言的限制，藏人於西方世界的勞動多依附在中國人經營的大小貿易或服務業之中。為求安穩的物質生活，必須遁入中國經濟市場與生活圈的擁抱。然而，此時藏人可用華語對中國人說「我是美國人」，以排除道出族群認同——「我是西藏人」——便立即落入中國國家界限的圈套，巧妙地解決了與中國之間的國家認同及民族情感糾結。

公民與難民身分的矛盾

藏人行政中心於二〇一三年十二月六日發布新聞稿，感謝加拿大政府從印度境內接納流亡藏人移居該國，共十七名藏人順利抵達加拿大，結束流亡歲月。

這幾年，在達賴喇嘛世界巡迴演說與遊說下，歐洲、美加及澳洲陸續提出接收西藏難民的年度配額移民規定，[11]以總量管制的形式促成藏族難民取得合法公民身分。儘管各國配額遠不及每年移動到印度的藏族人數，對於消化現居印度的難民幫助有限，但對應於透過所費不貲的移民仲介，持假證件或跳機等非法居留的移民模式，各國的接收對於流亡者的公民身分與資格認定仍是種保障。達賴喇嘛及藏人行政中心都不斷透過各種方法，告誡族人勿以非法管道移居西方，且對年輕輩藏人使勁遷居西方的現象感到無奈。達賴喇嘛西藏宗教基金會第四屆董事會董事長達瓦才仁（Dawa Tsering），曾對流亡藏人一心想移民西方提出看法：「這是個人自由，我們只能祝福，每個人當然有追求更美好生活的權利。但是，我們不鼓勵藏人移民西方國家，那是放棄希望尋求謀生，生活條件的確變得比較好，但那會破壞團結，而且西藏文化會流失。一起留在印度，在印度、尼泊爾還抱著希望，這樣才有回西藏的希望。」

這般物質與情感的心理糾結深嵌在藏人的離散經驗裡。族群意識強烈的圖登從未想過要移民西方，認為留在印度作為難民才是西藏運動的生命力來源：「我們在印度身為難民，沒有公民身分，百分之九十五都是難民，有些人有印度身分、護照，但大多數人為難民。這對藏人的運動來說很重要。如果我們什麼都像印度人，也拿了印度護照，那我們就不是藏人了。我要維持難民身分。」弔詭的是，當問及在印度出生的家族後代未來發展時，圖登說他正在籌錢設法送孩子到美國。西藏女青年吉美在印度南部清奈大學讀書，非常努力維持在校成績以符合全額獎學金資格，同時積極參加藏人行政中心為青年舉辦的各種研習或工作坊，一方面熟悉官方行政架構和運作，另一方面則較易取得進入領導階層的入場券。吉美當時僅大學一年級，便著手申請獎學金，規劃至紐約留學。她認為藏人移民到國外僅能生存於社會底層，從事餐飲業、保姆等勞務性工作，而出國留學不但能擴展知識，更能提升生活水準。然而，渴求西方經驗的吉美卻憂心著藏族青年所面臨的生存環境：「我認為年輕一代的西藏人漸漸忘記『西藏仍在中國的管控中』這件事情了。年輕一代的藏人想要努力賺錢，錢很重要，沒有也不行，但錢也不是所有。很多藏人想要去西方國家，假結婚很多，那些文件都是假的，我不想要做這件事情。」

無論是官方代表達瓦才仁或平民百姓圖登、吉美，皆呈現了當代藏人極具悲劇性的生存抉擇。無論選擇「難民」或「公民」哪一條路，背後跟隨著的仍舊是種飄蕩與底層的離散愁苦。這是在族群發展與個人未來之間擺盪的情感煎熬。當個人生存選擇冠上了民族興亡的群體壓力時，個體自由便受到公眾審視，原有的私領域生活躍升為公領域議題。馬克思認為工作與生活的完全切割造成了人的異化，使得身而為人在私領域活動可作為公領域生產的形式或能量受到消解；西藏難民則在此基礎上，遭逢更深層次的異化經驗。流亡藏人不但受資本主義影響完全切開了勞動和產品的關係，同時公私領域交融，使得他們在異化過程受到阻礙，而產生精神性的矛盾，一方面源自異化本身，另一方面卻是來自於未異化完全。那原本應該要異化的元素因為難民離散的民族情緒而融合一氣，讓整個民族所承受的苦難凝滯了起來。因此，造就了流亡日常生活的個人自由遁入隱匿之中，在陽光下追尋族群歸屬，而在黑暗裡追求個人幸福。

少數族群的歸屬困境和倫理選擇

無論藏人以難民或公民之姿顯露存有，與之面對面的我們也在此情感糾結中情緒翻騰；這個世界正在共同承擔，但卻無以著力。巴巴（Homi Bhabha）在難民與公民身分之外提出的另一種可能性——跳脫國家框架的世界公民——則有可能成為藏族情感難題，甚或是與之照面的我們的出路。巴巴認為：「以國家為中心的主權公民身分，只能作為本體論問題的少數人群『歸屬』的困境——屬於某個種族、性別、階級、世代的問題成了一種『第二自然屬性』，一種原初的認同，一個傳統的繼承。」[12] 上述的全球世界主義以廣泛的影響力將民族國家延展到地球村，彷彿在多元發展的民族共存歡樂場景中，少數與邊緣族群從此便不再遭遇政經結構的輕忽。然而，全球世界主義的前提為「只要這些人能為都市社會創造不錯的利潤」。[13] 多元的承諾仍然建立在以經濟獲利為依歸的世界觀中，故電腦工程師、企業家、高階管理者、專門技術師等主宰了多元的想像；在這種想像裡，並不存在難民、無國籍者、流亡者及窮人。

巴巴自奈波爾筆下小說主人翁的個性延展視野至因種族、文化歧異性而啟發關於倫理的思考，又在克莉斯蒂娃（Julia Kristeva）受傷的世界主義概念下，進一步提出「本土世界主義」：「奈波爾提到特立尼達式的智慧和風格與倫敦人虛偽的虔誠，兩者應是並列而非對照的關係。影響他判斷的地理環境，部分屬於由猥瑣甚或有種族歧視的房東主宰的、漫天要價的出租屋——奈波爾在早期小說中給予顯要位置的移民生活的世界。特立尼達人在四面楚歌的境地中形成了世界主義倫理觀——反諷、寬容，以及拒絕把自我感覺良好的精英當回事的態度——現在對據稱是『先進』的都市世界那遮遮掩掩的偏狹和裝模作樣的前程作出了嚴厲的判決。」[14] 這種倫理眼光反對二元經濟的多元，保持人人皆有平等個性權以追求自由，每個人可任意擺脫其原初文化或族群身分，以更為彈性的「象徵身分」完成人追求自由的目的。象徵身分指的是褪去意識形態和體制制約的平等身分權利，並提出與文化差異和社會歧視緊密相連的情感及倫理問題，核心不在對出身進行識別與鑑定，而在於政治實踐及倫理選擇，這不單指向邊緣族群，亦朝向作為人的每一個個體。當奈波爾筆下主角運用自身獨有的底層幽默，不斷以貶抑自我來突顯英國社會的霸氣與殘酷時，流亡藏人無論身為難民在印度，或轉為公民在西方國家，皆以其特有的生命經驗為支撐，發展出獨特的處事邏輯——在族群運動中以激情勇敢迎擊世界的荒謬，在政經體系中以忍辱求全的生存面貌問世，而那又正義又奸巧的面孔則訕笑著這個以國家界限為身分辨識指標的世界。流亡藏人的主體從體制內部脫逃到了外部，在倫理衝突的民族情感矛盾中觸及人存在的真義。

巴巴提出的公民象徵身分比王愛華（Aihwa Ong）討論全球移動中的彈性公民更具爆破性。王愛華以哈維為背景討論當代全球化與新自由主義的關係，並以海外華人的經濟擴展形態為民族誌材料，認為東方運用與西方相異的彈性策略，如兄弟網絡、華僑返國投資及愛國主義等文化基底來面對全球化發展。[15] 當王愛華批評阿帕度萊（Arjun Appadurai）[16] 分析跨國移動的文化生產樣態時，未能準確區辨民族—國家的界限，而將跨國界的華人經濟視為全球移動過程中，超越政治疆界的民族主義展現形式。巴巴則更進一步以去符號指認的路徑，來著墨民族存有的思索，將邊緣族群發出「我是誰？」的疑問，透過敘事呈現全球化的含混性，即非政治經濟所能掌握或標定的少數民族情緒。作為去疆界的全球化模糊含混衍生了警戒的倫理，涉及過程、手段和情感經驗，並非試圖建立身分的安全和穩定，反倒經由不安全與不確定的身分狀態才得以彰顯邊緣族群的求生欲望及文化能量。相較於看似彈性但實質上仍受國家管控的新自由主義式移動，難民、邊緣族群的彈性公民（彈性人）身分更加具備了解放的力道。「讓公民權自我糾葛……我們的境況……是模稜兩可與倫理衝突的境況。」[17]

流亡藏人的過渡性後殖民情懷

流亡藏人充分展現跨國移動所誘發的混雜與糾葛的全球化現象。此全球化下的民族情緒建立在「過渡」的概念及狀態之中，無論空間、身分或情感歸屬皆然，展現出跌蕩的民族情感。諸如印度流亡屯墾區作為一個非永久居留的過渡性空間，在此暫居之地謀劃移動至下一站；難民標示一個非穩固性的政治身分，居停在這「什麼也不是」的過渡地位中，宣誓歸返「西藏人」的族群認同；西方國家公民身分形成帶有連字號意義的雙重歸屬，但看似穩當的公民身分卻帶來族群情感上的糾結，那是過渡性的後殖民情懷——儘管個體已獲得自由，但家鄉仍在殖民處境中而無法歸返。

在後殖民的論述中，受殖到去殖之間沒有灰色的歷史時期，在某個紀念日期之後，民族或國家便抵達去殖狀態，進入後殖民經驗。但是，藏人卻不依循這條去殖路線，受殖到去殖之間有一大塊灰色曖昧期，難民與西方公民皆成為此過渡階段的抗爭位置；雖然前腳已經離開中國統治，但後腳卻尚未踏入全然自由，使得過渡性的後殖民情緒帶著濃厚未解的民族精神難題。作為難民，儘管屯墾區宛若飛地擁有相對自由的文化與主體表現權利，但日常生活仍依附在印度生活圈中，受印度國家或區域發展箝制而不得動彈；作為西方公民，則受中國經濟市場圍堵，且即使擁有合法身分返回家鄉，但西藏卻仍在中國政權管轄之下。藏人的離散混合了印度後殖民式及中國貿易式的愁苦。離開西藏後，無論身為難民或公民，在結構與心智上仍受印度和中國的挾制。急切擺脫中國而投身印度，為了遠離印度卻又進入中國。歸化西方以為拉開了與東方的距離，萬萬沒想到，卻再一次落入初始之地——中國與印度。正如南地所言：極欲擺脫的卻更為貼身地存在。

德勒茲（Gilles Deleuze）在討論溢出國家疆界的外部力量時說明兩個發展方向。[18] 一為在特定時刻向整個世界擴展開來的巨大的、世界規模的機器，如跨國組織、全球性商業貿易、宗教團體等；第二種則為幫伙、邊緣或少數族群等局部機制。二者皆肯定了與國家權力相抗衡的權利和能動性，即使一次又一次遭到國家的收編吸納，眼看戰爭機器終將被國家征服而停止運作，但旋即又以創造性的革命力量挑戰國家。在戰爭策略永不止息地拋出、消亡、再拋出、再消亡的運動過程中，情感是唯一永恆不變的戰爭條件。而關於自我及民族情緒根源的覺察，則來自於日日操練的慣常生活中所產生的倫理掙扎。德勒茲明言：「情感像箭一樣穿透身體，它們是戰爭機器。」[19] 正是散布在流亡藏人生存形式各個角落的情感糾結無限蔓延，作為戰爭機器的情感不受國家撼動，才使得那在黑暗中求存的日常生活足以支撐陽光下的西藏族群運動，也才能趨近於自由的人。那就像是巨大的雙面鏡，一面映照出現實的殘酷與恐怖，另一面則是溢出頭緒的荒誕邏輯。這些看似無意義的靈光念頭，甚或充滿艱險巧詐的生存技術，成為藏人回應面前現實的能量，在尚未解決的情感矛盾中添上了柔性與寬容。

自焚藏人蔣佩以西過世後的祈禱夜晚，滿城燭光照亮靜默的暗夜，夜空並非純然的黑，而是帶著彩度的深藍，彷彿人生前景看似昏暗卻混著靛藍色的盼望。空氣中瀰漫著淡淡的燒焦味，燭火映照著一張張安靜、滿溢著生命厚度的臉龐，無法辨明跳躍火焰下臉孔的喜怒哀樂，只是無表情地相互定睛而視。歲月從不走捷徑地刻畫風霜，讓人無所遁逃，站立街邊的我們情緒極度壓抑，深怕任何一個肌肉動作將使得滿腔情感瞬間潰堤。僧人坤卻手握著白色蠟燭，以溫柔的語調問我：「你怎麼看西藏人是難民？」我靜默了一會，微笑低聲：「我很羨慕。」

註釋

序章

1 見Lévi-Strauss（1989[1955]: 527）。

2 本書所使用之人名，除文中提及官方代表，如達賴喇嘛西藏宗教基金會第四屆董事會董事長達瓦才仁（Dawa Tsering），或藏族作家唯色等使用真名外，其餘皆置換化名。

3 見賴俊雄（2009: 6）。

4 在本書中，我稱之為「藏人行政中心」，以利於理解。

5 資料來源網址：http://tibet.net/about-cta/tibet-in-exile。

6 見 Asad（1986: 155）。

7 見 Crapanzano（1980）、Danforth（1982）、Geertz（1999[1973]）及 Rabinow（1977）。

8 見 Boon（1982）、Miner（1956）及 Rosaldo（1993）。

9 見 Clifford（1977）。

第一章

1 見 Lefebvre（1991[1947]: 69）。

2 見達賴喇嘛（1990: 63）。

3 見林照真（2001）。

4 指青藏高原以東，約為現中國行政劃分下之青海、四川一帶。

—5 見林照真（2001: 98-9）。

—6 二〇一一年三月十日，達賴喇嘛在德蘭薩拉舉行的「西藏抗暴五十二週年紀念集會」中，宣布辭去政治領袖身分。自此西藏民族結束千年政教合一，走向政教分離的運作模式，政治朝向民主化進程發展。

—7 見林照真（2001: 241）。

—8 見王力雄（2009）、林照真（2001）及達賴喇嘛（1990）。

—9 見 **UNHCR**（2012）。

—10 藏人逃亡路線多為穿越中國、印度及尼泊爾邊界，跋山涉水數月不等，方抵設立於尼泊爾首都加德滿都的聯合國難民中心。向難民中心報到後，於安置中心停留三個月左右，等待後送至印度流亡藏人行政中心所在地德蘭薩拉。接著向藏人行政中心和印度政府報到，取得印度政府核發的「藏族長期居留印度證明」（**Long Term Stay Certificate for Tibetans in India**），之後便可依意願前往分布在不同區域的西藏難民屯墾區。該證明讓流亡藏人得以暫居印度，但無法自由移動旅行。若欲短時間移動至其他城市，必須向居留屯墾區的印度警察局申請報備，取得短期目的性旅行證後，才可在規定期限內移動至特定城市。

—11 見 Heath（2005）、Miller *et al.*（2013）、Powers（2004）及 Van Schaik（2011）。

—12 達旺為第六世達賴喇嘛倉央嘉措的出生地，居民信仰以藏傳佛教為核心，族群結構偏屬西藏山南族群，無論在宗教儀式或文化思維上均展現佛教的擴散與西藏文化的蔓延。田野期間遇到關於領土主權的爭議問題或是否交換歸屬管轄權議題時，當地報導人均表示自己是印度人，不願意成為中國人。該區域邊防與軍備嚴密，深入其中頗有戒嚴肅殺的氛圍。

—13 未取得印度政府核發「藏族長期居留印度證明」之無身分的非法居留人口。

—14 見 IMF（2012）及 The World Bank（2013）。

—15 見 Government of India（2011）。

—16 見蘇嘉宏（2005）。

—17 同上註，頁 134-5。

—18 見 Avedon（1991[1986]）。

—19 見蘇嘉宏（2005: 126）。

20 該次傳法對象主要是來自中國五行山的信眾團，也有少數臺灣信眾參與。

21 中國佛教徒前往德蘭薩拉向達賴喇嘛請法，有著現實上的困難與風險。因此，達賴喇嘛總會給中國信徒多一些時間，透過較為輕鬆的談話達到雙方溝通的目的。達賴喇嘛總是心疼地說「我知道你們要來一趟很困難」而給予鼓勵，以此建立中國佛教徒對信仰的信心。然而，由於不知道參與者的真實背景，在「間諜說」甚囂塵上的流亡屯墾區裡，中國佛教徒和中國旅行者的身分加倍受到注目與防備。因此，這個問答時間既可針對信仰內涵交流，也巧妙處理了可能來自中國官方的監控行動。

22 見 Adey（2013[2009]: 9）。

23 此處以流亡藏人普遍打零工的經濟活動為主要討論基礎，較完整的流亡藏人經濟生活分析，請見〈生產與勞動〉和〈暗黑經濟〉兩章。

第二章

1 見 Heidegger（2002[1927]: 171）。

2 德蘭薩拉的基礎建設不足，美國影星李察吉爾（Richard Gere）捐助修建自大昭寺通往山城中心巴士站的主要道路 Temple Road，藏人多稱該幹道為「李察吉爾之路」。

3 中國大使館發給藏人的返鄉「旅行證」，有加註「一次入出境」，只能前往特定省分。

4 中國四川省理塘縣，藏人自焚多集中於此。

第三章

1 見 Trinh（2013[2010]: 34）。

2 德蘭薩拉分為上下區域（upper/lower Dharamsala）。藏人的生活空間集中於上德蘭薩拉，下德蘭薩拉則為山區小型貿易集散地，商家與小販眾多，藏人多至下德蘭薩拉採買生活用品。

—3 見 Calvino（1995[1972]: 16）。

第四章

—1 見 Marx（1997[1844]: 49）。

—2 色拉（Sera）原指藏傳佛教的一門支派，此處為藏傳佛教僧眾在拜拉古比僧團生活的地理區域總稱。區域內包含藏傳佛教三大寺（甘丹、哲蚌及色拉）及四大宗派（寧瑪、格魯、薩迦及噶舉）的僧侶和女尼寺院。外來客若要進入屯墾區內的寺院參觀，通常會告訴摩托計程車司機所欲抵達的位置為「Sera」或「Golden Temple」（寧瑪派重要寺院）。

—3 西藏兒童村（Tibetan Children' s Village, TCV）的教育運作形式如下：學齡前孩童在托兒所（Yongling school，本身也是職業訓練中心所在地）受照顧，當孩童年紀較長便送到日托學校（TCV day school），五年級時再轉往主要學校（TCV main school）。若有學童無法完成學業而想留在職業訓練班，便繼續在 Yongling school

學習。

4 見 Prost（2006）。

5 見 Marx（1997[1844]）。

6 見 Boon（1982）。

7 詳見下一章〈暗黑經濟〉。

8 見 Bourdieu（1977）。

9 若要進入南部屯墾區拜拉古比僧院經營的旅館（guest house）過夜，必須取得印度政府和警察局認可、由藏人行政中心核發的許可證（permit）；在北部屯墾區德蘭薩拉則無此限制。

第五章

1 見 Baudelaire（2012[1876]: 95）。

第六章

1 見 **Proust**（2004[1913]: 17）。

第七章

1 見 **Kleinman**（2007[2006]: 300）。

2 參見唯色的部落格「看不見的西藏」（http://woeser.middle-way.net/2012/03/blog-post_31.html）。直至二〇一五年七月為止，共有一百四十六名藏人自焚。

3 見 **Durkheim**（1992[1912]: 450）。

4 二〇一二年三月三十日，蔣佩以西喪禮宣讀之遺言。

5 見 **Durkheim**（1992[1912]: 453）。

6 對於西藏民族國家的認定，流亡行政中心與中國政府各自宣稱擁有主權。一九五九年，達賴喇嘛離開中華人民共和國佔領之西藏，於印度建立流亡藏人據點開始，藏人社群內部的民族運動便持續發展，藉由不同階段議題性的國際發聲創造西藏民族運動的能見度。

7 見 Geertz（2002[1983]: 85）。

8 見 Halbwachs（2002[1952]: 88）。

9 見劉康（2005）。

10 見 Connerton（2000 [1989]: 25）。

11 見 Rosaldo（1980）。

12 中國政權為處理自焚事件頻頻發生，在二〇一四年採取了新策略——連誅九族的「反自焚工作暫行規定」（若爾蓋縣人民政府），共通告十六條自焚者家屬的懲處，包括取消自焚者家屬的參政權、報考公職權利、擔任村里幹部資格、取消家庭戶惠民政策、暫緩所在村的各項官方與民間的投資計畫、停止貸款發放、繳納保證金反自焚，若有自焚事件則沒收保證金、收回土地草場經營權、停止招商、禁止出境或到西藏自治區、家屬強制參加十五天以上的法制教育班、禁止佛教活動、清算寺院財務、通報者給予金錢獎勵等懲罰政策。資料來源：藏人行政中央官方網（http://xizang-zhiye.org/）。

13 見 Nandy（2012[1983]）。

14 同上註，頁 65。

終章

1 見 Nietzsche（1996[1984]: 4）。

2 見 Kotkin（1993）及 Ma（2003）。

3 見 Castells（1996）。

4 見 UNHCR（2012）。

5 見 Harvey（1989）。

6 姐些於二〇〇四年抵達印度德蘭薩拉，我認識她的時間點為二〇〇七年。二〇一二年當我再度長時間出田野時，得知姐些的表哥將小旅館賣了，帶著三個小孩和姐些於二〇一〇年跳機美國，成為受美國庇護的西藏難民。

7 見 **Mathews**（2013[2011]: 22）。

8 印度北阿坎德邦（Uttarakhand）首府，位於印度首都新德里北方，距離德里約兩百七十公里，高度約一千五百公尺的中海拔城市。該處也有流亡藏人屯墾區，為藏傳佛教薩迦教派的重要聚集地。

9 報導人為二十五歲的西藏青年蔣措，在德蘭薩拉藏族非政府組織工作。一直想去美國的蔣措，因為移民美國證件處理費用實在太高，於是在二〇一三年借了錢跳機到瑞士。

10 雖然流亡藏人可透過中國大使館取得返鄉旅行證，但該過程除了得提出各式身為中國人、家鄉在中國的證明文件或親人保證書外，還必須在中國官員面前宣示：「達賴喇嘛是壞人。」許多人想拿證件回家，但因說不出詆毀達賴喇嘛的言語而放棄回鄉。

11 接收西藏難民的西方國家，每年將名額控制在約一千人以下。

12 見 **Bhabha**（2013: 11）。

13 同上註，頁8。

14 同上註，頁7-8。

15 見Ong（1999）。

16 見Appadurai（1996）。

17 見Bhabha（2013: 62）。

18 見陳永國（2003）。

19 同上註，頁279。

參考書目

王力雄，2009，《天葬：西藏的命運》。臺北：大塊。

林照真，2001，《喇嘛殺人：西藏抗暴四十年》。臺北：聯合文學。

陳永國編譯，2003，《游牧思想：吉爾．德勒茲、費利克斯．瓜塔里讀本》。長春：吉林人民。

達賴喇嘛，1990，《達賴喇嘛自傳：流亡中的自在》（*Freedom in Exile: The Autobiography of the Dalai Lama*），康鼎譯。臺北：聯經。

劉康，2005，《對話的喧囂：巴赫汀文化理論述評》。臺北：麥田。

賴俊雄，2009，《他者哲學：回歸列維納斯》。臺北：麥田。

蘇嘉宏，2005，《流亡中的民主：印度流亡藏人的政治與社會 1959-2004》。臺北：水牛。

Adey, Peter. 2013[2009].《移動》（*Mobility*），徐苔玲、王志弘譯。臺北：群學。

Appadurai, Arjun. 1996. *Modernity at Large: Cultural Dimensions of Globalization.* Minneapolis: University of Minnesota Press.

Asad, Talal. 1986. "The Concept of Cultural Translation in British Social Anthropology," in *Writing Culture: The Poetics and Politics of Ethnography*. Clifford, J., and Marcus, G., eds. pp.141-164. Berkeley: University of California Press.

Avedon, John F. 1991[1986].《雪域境外的流亡生活》（*Exile From the Land of Snows*），尹建新譯。臺北：慧炬。

Baudelaire, Charles. 2012[1876].《巴黎的憂鬱》（*Le Spleen de Paris*），亞丁譯。臺北：大牌。

Bhabha, Homi. 2013.《全球化與糾結》（*Globalisation and Ambivalence*），張頌仁、

陳光興，高士明主編。上海：上海人民。

Boon, James. 1982. *Other Tribes, Other Scribes: Symbolic Anthropology in the Comparative Study of Cultures, Histories, Religions, and Texts*. New York: Cambridge University Press.

Bourdieu, Pierre. 1977. *Outline of a Theory of Practice*. Cambridge: Cambridge University Press.

Calvino, Italo. 1995[1972].《看不見的城市》（*Invisible Cities*），王志弘譯。臺北：時報。

Castells, Manuel. 1996. *The Rise of the Network Society*. Cambridge: Blackwell Publishers.

Clifford, James. 1997. *Routes: Travel and Translation in the Late Twentieth Century*. Cambridge: Harvard University Press.

Connerton, Paul. 2000[1989].《社會如何記憶》（*How Societies Remember*），納日碧力戈譯。上海：上海人民。

Crapanzano, Vincent. 1980. *Tuhami: Portrait of a Moroccan*. Chicago: University of Chicago Press.

Danforth, Loring M. 1982. *The Death Rituals of Rural Greece*. New Jersey: Princeton University Press.

Durkheim, Emile. 1992[1912].《宗教生活的基本形式》（*The Elementary Forms of Religious Life*），芮傳明、趙學元譯。臺北：桂冠。

Geertz, Clifford. 1999[1973].《文化的解釋》（*The Interpretation of Cultures*），韓莉譯。南京：譯林。

——. 2002[1983].《地方知識：詮釋人類學論文集》（*Local Knowledge: Further Essays in Interpretive Anthropology*），楊德睿譯。臺北：麥田。

Government of India. 2011. *Census of India 2011*. New Delhi: Office of the Registrar General and Census Commissioner.

Halbwachs, Maurice. 2002[1952].《論集體記憶》（*On Collective Memory*），畢然、郭金華譯。上海：上海人民。

Harvey, David. 1989. *The Condition of Postmodernity: An Enquiry into the Origins of Cultural Change*. Oxford: Blackwell.

Heath, John. 2005. *Tibet and China in the Twenty-First Century, Non-Violence versus State Power*. London: Saqi Books.

Heidegger, Martin. 2002[1927].《存在與時間》（*Sein und Zeit*），王慶節、陳嘉映譯。臺北：桂冠。

IMF. 2012. *International Monetary Fund Annual Report 2012*. Washington: IMF.

Kleinman, Arthur. 2007[2006].《道德的重量：不安年代中的希望與救贖》（*What Really Matters: Living A Moral Life Uncertainty and Danger*），劉嘉雯、魯宓譯。臺北：心靈工坊。

Kotkin, Joel. 1993. *Tribes: How Race, Religion and Identity Determine Success in the New Global Economy*. New York: Random House.

Lefebvre, Henri. 1991[1947]. *Critique of Everyday Life, Vol.1: Introduction*. John Moore Tran. London: Verso.

Lévi-Strauss, Claude. 1989[1955].《憂鬱的熱帶》（*Tristes Tropiques*），王志明譯。臺北：聯經。

Ma, Laurence J. C. 2003. "Space, Place and Transnationalism in the Chinese Diaspora," in *The Chinese Diaspora*, pp. 1-49. Maryland: Rowman & Littlefield Publishing Group.

Marx, Karl. 1997[1844].《1844年經濟學哲學手稿》（*Economic and Philosophical Manuscripts*），伊海宇譯。臺北：時報。

Mathews, Gordon. 2013[2011].《世界中心的貧民窟：香港重慶大廈》（*Ghetto at the Center of the World: Chungking Mansions, Hong Kong*），楊楊譯。香港：青森。

Miner, Horace. 1956. "Body Ritual among the Nacirema," in *American Anthropologist* 58(3): 503-7.

Miller, Terry *et al*. 2013. *Index of Economic Freedom*. Washington: The Heritage Foundation.

Nandy, Ashis. 2012[1983].《貼身的損友》（*The Intimate Enemy*），丘延亮譯。臺北：

臺灣社會研究雜誌社。

Nietzsche, Friedrich. 1996[1984].《權力意志：重估一切價值的嘗試》（*Der Wille zur Macht*），張念東、凌素心譯。北京：商務印書館。

Ong, Aihwa. 1999. *Flexible Citizenship: The Cultural Logics of Transnationality*. Durham: Duke University Press.

Powers, John. 2004. *History as Propaganda: Tibetan Exiles versus the People' s Republic of China*. London: Oxford University Press.

Prost, Andrey. 2006. "The Problem with 'Rich Refugees', Sponsorship, Capital, and the Informal Economy of Tibetan Refugees," in *Modern Asia Studies* 40(1): 233-253.

Proust, Marcel. 2004[1913].《追憶似水年華：去斯萬家那邊》（*A la recherche du temps perdu Ⅰ : Du Côté de chez Swann*），周克希譯。臺北：時報。

Rabinow, Paul. 1977. *Reflections on Fieldwork in Morocco*. Berkeley: University of California Press.

Rosaldo, Renato. 1980. *Ilongot Headhunting, 1883-1974: A Study in Society and History*. Stanford: Stanford University Press.

——. 1993. *Culture and Truth: The Remaking of Social Analysis*. Boston: Beacon Press.

The World Bank. 2013. *Annual Report*. Washington: The World Bank.

Trinh, T. Minh-ha. 2013[2010].《他方，在此處：遷居，逃難與邊界記事》（*Elsewhere, Within Here: Immigration, Refugeeism and the Boundary Event*），黃宛瑜譯。臺北：田園城市。

UNHCR. 2012. *A Year of Crises: Global Trends 2012*. Geneva: UNHCR Statistics.

Van Schaik, San. 2011. *Tibet: A History*. New Haven: Yale University Press.

跋

流亡的存在書寫：用生命寫作的公共型邊緣學術人

林耀盛（國立臺灣大學心理學系教授）

我在東華大學任教時認識的學生鄧湘漪博士，出版了這麼一本書。這本書是她博士論文的改寫，透過本書充分反映出鄧博士敏銳的觀察、反思的視野和身體的力行。這本書不但深化研究理念與田野實踐，更重視基本議題、本體論、認識論和方法論的整體性，聚焦沈浸於田野工作的整體處境。

鄧博士這本書處理的議題，是以臺灣極少接觸之流亡藏人為關懷主軸——西藏人離開家鄉後的移動路徑，與在印度生存的日常生活——描繪藏人流亡歷程的情感轉變。本書的特色，在於不以對立面攻擊策略來書寫受中國政權壓制而遠離家鄉的西藏人生存圖像，反以中國、印度、西藏等區域性的政治經濟分析為基礎，討論西藏人在此夾縫中的生活面貌，揭露居間既依賴又排拒的生存難題，以及於此衍生的民族情感轉折。這本透過長時間蹲點、與印度流亡藏人社群緊密互動的書籍，不僅是參與西藏非政府組織工作的反饋，更是在地貼身生活的觀察和沈澱。

就此而言，本書議題的反身性和處理深度，以臨床貼身的理解視框，不但具有後殖民處境的反寫，更回到在位取向（emic approach）的深度觀察，帶出情感道德的群量現象，是一種深具倫理性的族群研究。如此的高度，已然展現置身田野「臨床即批判」（clinical as critical）的學術實踐和社會關注，是生命義理的反身而行，亦是人本價值、人性關懷與人文精神的體現，更是濟世渡人的社會實踐，相信可以啟發讀者對當代全球發展的深度掌握。

然而，值得注意的是，各位手上這本書呈現的是「成果」，但本書得以完成所需的鍛鍊「過程」，那無法塗銷的延異痕跡，更切身呈現報導人與作者互為主體置身創傷流亡處境中，獨特性的存在樣態。鄧博士自一九九六年大學畢業後前往柬埔寨參與戰後鄉村重建工作之始，接續十數年來的實踐歷程皆與戰爭或災難相關，如越南農村與教育支援、九二一地震和八八水災的原住民部落重建參與等，在極其複雜的戰／災後重建處境中，思索身為社區工作者甚或知識分子的實踐立場和姿態。這樣直接進入戰／災第一現場的行動，是實踐智慧的活動（praxis），其實是有別於以邏輯實作為主的習練（practice）。更進一步說，實踐智慧的活動（praxis）是一種實踐活動，是建立於實踐智慧（practical wisdom），這無法離開現場。我所認識的鄧博士，為人真實坦誠，實踐智慧的活動過程中，不免有時感到挫敗，然而，正是因為這些實踐經驗的學習歷練，甚至挫折後的反動修辭行動，激勵著鄧博士不斷地反省並轉化自我參與形式，最終，以溫柔的力量、厚實的態度、高度的書寫和深刻的知識，完成如此極為煎熬的族群生命銘刻書籍。

這樣的作品，是時代長久以來缺席的聲音。甚至，是一種時間的「遺」民寫作型態。「遺」是個特殊的多重指涉，可以指「遺留」，是一種歷經變化後仍保留下來的殘跡，那是溢出學術規範邏輯，卻更深入底層經驗與人文世界的遺跡寫作。但遺也是「遺失」，反倒是指失去。換言之，那是一種不回頭的歷史，走過就直行往前的果決。但寫作不是為了搶救失落遺跡的單向度意圖，它更直指如何殘缺地活著。去的反而不再是失去的痕跡，而是顯露主體無窮流變的可能性。主體向受創流變，好讓傷口流變為另一個物事，進而激發出哀悼的體驗始於「最早的」蹤跡，也就是說「先於」認知的生命政治肉身書寫。如此，我們才能轉向「未來的、無限的、或許應該來到卻尚未到來、甚至永遠不會到來」的諸般現身情態。創傷先於我存在，是一種偶然性事件，更是一種真理的「非實現」。「非實現」不是一種「反實現」，也不是一種「不實現」，而是一種無法現實化、具象化、甚至永遠不會來到的實現，自然無法以既有的一味地師範自然科學化的學術框架全盤瞭解。所以，本書呈現的受創事件、流亡經驗、存在感受的綜效體驗，不是病理符號的指認，而是一種獨特性的流變狀態，更可以說是一種「前民族誌」的更徹底的生命圖像描繪。

由此，「遺」也可說是一種「未完成」的進行式，還有後續的故事，可以流傳下去，稱為「補遺」。所以，它又指向一種可以無窮無盡書寫的可能性，不是不留痕跡的遺失，不是定版的遺留，而是一種「未定的草擬文本」。所以，遺民就成為可以敘說自己故事的子民，當然，前提是保有敘說空間和書寫高度的「時空性」。

但是，「遺」也包含一種突兀的意涵，是「殘遺」。為何是突兀，因為「殘遺」就是一種不合時宜的存在。王德威教授曾說，我們都是現代情境裡，時間的遺民。如果遺民已經指向一種時空錯置的徵兆，「後」遺民是此一錯置的解散。本書在當代學術生態權力機制下或許是「不合時宜」的存在，但正屬於時代缺席的聲音，是一種錯置年代的重新解放姿態。如此，閱讀本書的後遺旅程，也就不只是一種事件觀察，更是一趟生命參與的叩問。

荀子說：「心枝則無知，傾則不精，貳則疑惑，以贊稽之，萬物可兼知也。」本書乃專心致志之作，超過十年磨劍的鍛鍊，在渾濁喧囂的處境，以蕭聲的嗚咽，或許初始只是不斷靜默的呼喊，在瀕臨介淵之中，忽閃忽現。但是，經由本書的成品回溯歷程的細慢閱讀，逐步呈現我們在「遺」跡廢墟中重建自我考古學的延異痕跡。或許，本書的出版一如 Lacan 羅馬宣言的鏡像階段，終將戳破自我意識中心主義整型外科般飽滿性的虛幻。學術域外的邊緣掙扎戰鬥，是公共型的邊緣知識分子之姿態，如此以生命寫作的自我流亡的存在書寫，會是一個希聲大音。

國家圖書館出版品預行編目資料

流亡日日：一段成為西藏人的旅程／鄧湘漪作
一初版　——臺北市：游擊文化，2015. 10
　面：　公分
ISBN　978-986-92364-0-9（平裝）
1. 西藏問題

676.64　　　　104021322

流亡日日：
一段成為西藏人的旅程

作者　鄧湘漪
責任編輯　黃恩霖
企畫行銷　許家旗
封面設計　井十二設計研究室
內文排版　張蘊方
印刷　漢藝有限公司
初版一刷　二〇一五年十月
初版二刷　二〇二一年十二月
定價　三五〇元
ISBN　978-986-92364-0-9
出版者　游擊文化股份有限公司
臉書　https://www.facebook.com/guerrillapublishing2014
電郵　guerrilla.service@gmail.com

本書如有破損、缺頁或裝訂錯誤，請聯繫總經銷。

總經銷　前衛出版社 & 草根出版公司
地址　104 臺北市中山區農安街 153 號 4 樓之 3
電話　(02) 2586-5708
傳真　(02) 2586-3758

Misfits 01

本書獲文化部藝術新秀首次創作發表補助